Viver e traduzir

Laura Wittner

Viver e traduzir

TRADUÇÃO
**MARIA CECILIA BRANDI
E PALOMA VIDAL**

© Laura Wittner, Editorial Entropía, 2021
© desta edição, Bazar do Tempo, 2023

Título original: *Se vive y se traduce*

Todos os direitos reservados e protegidos pela lei n. 9610, de 12.2.1998. Proibida a reprodução total ou parcial sem a expressa anuência da editora.

Este livro foi revisado segundo o Acordo Ortográfico da Língua Portuguesa de 1990, em vigor no Brasil desde 2009.

EDIÇÃO **Ana Cecilia Impellizieri Martins**
COORDENAÇÃO EDITORIAL **Meira Santana**
TRADUÇÃO **Maria Cecilia Brandi e Paloma Vidal**
COPIDESQUE **Gabrielly Alice da Silva**
REVISÃO **Marina Montrezol**
PROJETO GRÁFICO **Luciana Fachini**
DIAGRAMAÇÃO **Cumbuca Studio**
IMAGEM DE CAPA **Ana Júlia Vilela, "A central dos fantasmas 2", 2021.**

CIP-BRASIL. CATALOGAÇÃO NA PUBLICAÇÃO
SINDICATO NACIONAL DOS EDITORES DE LIVROS, RJ

W791v
Wittner, Laura
Viver e traduzir / Laura Wittner; tradução Maria Cecilia Brandi, Paloma Vidal. – 1. ed. - Rio de Janeiro: Bazar do Tempo, 2023.
112 p.

Tradução de: Se vive y se traduce
ISBN 978-65-84515-57-4

11. Ensaios argentinos. 2. Poesia argentina. I. Brandi, Maria Cecilia. II. Vidal, Paloma. III. Título.

23-86757   CDD: Ar864
                            CDU: 82-4(82)

Gabriela Faray Ferreira Lopes – Bibliotecária – CRB-7/6643

 BAZAR DO TEMPO
Produções e Empreendimentos Culturais Ltda.

Rua General Dionísio, 53 - Humaitá
22271-050   Rio de Janeiro - RJ
contato@bazardotempo.com.br
www.bazardotempo.com.br

Para Mario, meu pai.

Entendi o que ela quis dizer e concordei, e além disso gostei da ideia de que estivéssemos dedicando nosso tempo e nossa atenção, ali, paradas num auditório meio cavernoso, a uma palavra tão pequena.

Lydia Davis, *Ensaios Um*

Nota das tradutoras

Traduzir um livro sobre tradução duplica prazeres e desafios: ao trabalho em si se acrescenta, a cada linha, necessariamente, a reflexão sobre ele. Dada essa condição, por que não traduzir em dupla? Foi isso que nos levou a esta tradução conversada, feita entre encontros em presença e on-line – aproveitando a convivência adquirida com esse tipo de encontro na pandemia, como a própria Laura descreve, num livro que tem esse cenário inquietante e desafiador –, entre o Rio de Janeiro e São Paulo, onde cada uma de nós mora. Mas a tradução também nos faz viajar além dos nossos lugares, e aqui passeamos entre três línguas (o português e o espanhol, evidentemente, e o inglês, língua de tradução da Laura) e os espaços por onde elas se movem nas paisagens deste livro: Buenos Aires, Nova York, Montreal, Londres, País de Gales... Quisemos formar uma dupla de tradutoras que pudesse transitar por essas línguas com familiaridade, e cada uma de nós trouxe delas sua própria bagagem, de traduções e vivências anteriores. Algumas ficaram indicadas nas notas que acrescentamos ao texto da Laura: se entre elas há indicações bastante pontuais, outras são mais viajantes e desejantes, deixando a marca de um envolvimento que é também subjetivo e, fantasioso e, no caso deste livro, feito de muita admiração e cumplicidade. Dizer que a tradução foi em dupla não desconsidera que qualquer trabalho como este é sempre a muitas mãos, e neste caso contamos, além da equipe editorial da Bazar do Tempo – a quem agradecemos muito por ter de pronto topado nossa proposta –, com a revisão preciosa e afetiva da Flávia Péret, que trouxe seus próprios mapas. Viver juntas por algum tempo neste livro da Laura foi chegar mais perto do coração do nosso ofício, no que ele tem de mais generoso e intenso.

Maria Cecilia Brandi e Paloma Vidal
Outubro de 2023

O professor Costa Picazo entra na sala e, em vez de fazer a chamada como de costume, põe sua pasta sobre a mesa, pega um pedaço de giz e começa a escrever no quadro. Às suas costas, o burburinho continua. Eu o observo: tenho a impressão de que está fazendo algo sagrado.

Por fim, ele larga o giz, limpa o pó dos dedos e olha pra gente. A turma fica em silêncio. Ao seu lado, no quadro, há duas versões de um poema breve: a original – em inglês – e sua tradução para o espanhol. "In a Station of the Metro", de Ezra Pound.

* * *

O que é traduzir?

Como é que leio uma frase em inglês, e meu cérebro escolhe e ordena palavrinhas em espanhol? Às vezes, tento frear o mecanismo em algum ponto para observá-lo e acho que estou enlouquecendo.

* * *

E, nos períodos em que não estou traduzindo, onde uso esse mecanismo de transferência tão específico? Em procedimentos mentais que não precisam dele, empatando-os?

* * *

Durante um ano morei em Nova York, graças a uma bolsa Fulbright. Todas as manhãs me instalava no oitavo andar da biblioteca da universidade. Estava traduzindo os poemas que o inglês Charles Tomlinson tinha escrito em Nova York, décadas atrás, graças a uma bolsa Fulbright. E como ele, e como todo estrangeiro, eu estava escrevendo (por que escaparia do clichê, se nem Calvino, nem Lihn, nem Simone de Beauvoir, nem García Lorca haviam escapado?) um longo poema sobre Nova York (que, na verdade, era sobre mim).

Assim, a partir de livros, parques, metrôs e ruas, eu ia, sem ter essa intenção, atrás da minha tradução: "*Caminamos por Madison. Es el final/ de una tarde de invierno* [...]", escreve Tomlinson, e pela Madison eu voltava para casa, e era um fim de tarde de inverno, e escolhia "[...] *la calle/ que parece un hogar al que se vuelve, convertida/ de pronto en fiesta cuando entramos en ella/ con el olor de las castañas en los braseros de la esquina.*"[1]

* * *

---

[1] "Subimos a Madison. É o fim/ De uma tarde de inverno [...]" e "[...] a rua/ que parece um lar a que se volta, de repente/ fica em festa quando nela entramos/ com o aroma de castanhas no braseiro da esquina." Sendo este o livro de uma tradutora sobre tradução, quisemos manter no corpo do texto ou em nota, a depender da extensão do trecho, a versão traduzida por ela. Por sua vez, para realizar essas traduções ao português, fomos aos textos-fonte, em inglês, e os cotejamos com as soluções da Laura, criando assim versões entre as dela e as nossas. Às vezes, em português houve soluções de que a língua espanhola não dispõe, mais próximas dos versos em inglês. Por exemplo, neste caso, o poeta abre o poema com "*We walk up Madison*" e pudemos, em português, indicar de forma concisa que a rua subia. (N.T.)

Traduzir é pensar na gente.[2]

* * *

&: gesto intraduzível do autor?
Conversa com Shira sobre o ampersand, em razão de um poema que ela traduziu e estamos corrigindo: "É um gesto sutil", ela me diz. "Façamos outro gesto sutil", eu digo. Manter o ampersand não é tão sutil: é introduzir uma grafia de outra língua. Colocamos um "+"? Mas o "+" também existe em inglês. "É uma intenção abreviativa", diz Shira. "Uma notação", acrescento. Mas é coloquial. Sim, um gesto de agilidade: economizar dois caracteres dos três de "and". E o que, em espanhol, é mais breve do que "y"?[3]

Às vezes, para traduzir um poema, tentamos nos enfiar na mente do autor bem mais fundo do que ele mesmo se enfiou.
Realmente não sei quem a gente acha que é.

---

2 "Uno/una" em espanhol é um pronome indefinido que pode designar quem está falando, sem perder o caráter coletivo. Neste caso em particular, em português perdemos a marca de gênero na flexão do "una", mas conseguimos manter a relação entre o individual e o coletivo com "a gente". (N.T.)

3 Sempre que no livro há um exemplo de alguma especificidade do espanhol, mantivemos no corpo do texto o original, para não perdermos a relação com essa língua. Neste caso, a frase se refere à brevidade da conjunção "y", que vale também para o "e" do português. (N.T.)

* * *

A preposição: aquele dispositivo inquieto que nos mantém acordados.

* * *

Tudo o que tem que funcionar bem, em termos dinâmicos, para que se possa sentar-se para traduzir: os olhos (às vezes saem do foco), a respiração (às vezes perde o ritmo), as mãos (às vezes doem), o punho que maneja o mouse (há nele uma inflamação permanente), o pescoço com toda sua extensa e problemática continuação que é a coluna.

* * *

Se a tradução trava, é preciso parar.
 Ir ao banheiro, pegar uma água, buscar o esmalte de unhas.
 Se a tradução trava, é preciso destravar o corpo.

* * *

É possível continuar traduzindo enquanto se chora.

* * *

O *cotoneaster* do mundo real me foi apresentado pela dona do viveiro El Girasol, perto do Abasto, em Buenos Aires. Ela disse o nome como se não fosse nada demais, mas para mim a palavra explodiu, *grená*, e ligou um objeto visível, palpável e transplantável a esse som áspero, cuja tradução tive que perguntar a um botânico (a internet estava acabando de nascer). E não mudava: *cotoneaster* era *cotoneaster*.

Com os primeiros dias de verão, as pequeninas flores cor-de-rosa se transformavam em bolinhas duras de cor grená. No mês seguinte, passaram para o verde, como se tentassem combinar com as folhas; eu esperava que um dia amanhecessem frutos; "bagas vermelhas", como indicava o dicionário.

Se dominar o modo de traduzir era dominar a palavra, ter o meu próprio exemplar de *cotoneaster* na varanda era como caminhar, alguns passos atrás de James Schuyler, pela vereda que no seu poema circunda a casa do médico, *"la casa en venta que se hunde en la opulencia/ de unas plantas de base desbordadas/ acá enfrente, subiendo la ladera (tejo, cotoneaster)"*.[4]

* * *

---

[4] "A casa à venda soterrada na opulência/ de tantas plantas que se excedem ao redor/ aqui em frente, subindo a encosta (teixo, cotoneaster)." Em espanhol "ladera" também pode significar "encosta". O termo usado em inglês é "hill", cuja tradução varia dependendo do contexto: pode ser morro, pode ser monte... Mas a primeira acepção que aparece tanto em dicionários inglês-português como inglês-espanhol nos soa sofisticada e antinatural: "colina". (N.T.)

Metade das buscas relacionadas a uma tradução nos leva a um lugar que não procurávamos, mas que, no entanto, nos é muito próximo. Duvidosamente próximo.

∗ ∗ ∗

Traduzir é ficar colada nas costas de alguém.

∗ ∗ ∗

Quando se está traduzindo, é preciso ler muitas coisas em paralelo, que não têm nada a ver com o texto traduzido, porque, como por um milagre, as respostas de todas as dúvidas aparecerão.
    Ou ver filmes com legenda.
    Ou ver filmes.
    Ou ler cartazes na rua.
    A palavra problemática chega a nós das profundezas do acaso.
    É a magia da tradução.

∗ ∗ ∗

Não posso traduzir um livro aos poucos, um dia sim e três não, intercalando tarefas: um livro é uma massa na qual é preciso se embrenhar, entregando-se a ela, quase diria que fundindo-se a ela.

Muitas horas por dia.
Todos os dias.[5]

* * *

Esta tinta alaranjada tentando fixar-se por meio de restos de tinta verde (como na história de Claire-Louise Bennett) lembra a transição entre duas traduções. Uma voz tentando fixar-se, deslocando e dispersando suavemente a anterior.

* * *

Ontem, na oficina de tradução, estávamos trabalhando num poema de Ted Hughes e de súbito saltamos para Miguel Hernández. Como? Havia um ritmo, um arranjo sintático e um difuso sentimento semântico.

Sinto que a tarefa de traduzir sempre leva à fusão de tudo com tudo. Uma hora de concentração e discussão sobre um texto e já estamos nadando no vasto oceano da forma e do conteúdo.

* * *

---

5 Exato. Ao traduzir nos lançamos em outro tempo-espaço... É preciso viver a rotina de uma nova vida, sem deixar a nossa. (E por mais díspares que pareçam, acontece de uma vida colaborar com a outra, como nos mostra este livro.) (N.T.)

Primeiras impressões ao ler *Pond*, de Claire-Louise Bennett, antes de traduzi-lo.

1. Epígrafe de Natalia Ginzburg: começamos bem.
2. Diz que às vezes é bom comer uma banana com o café. Que não precisa estar muito madura. Deve ter reminiscências de verde: exato.
3. Agora menciona também a aveia. Bate aqui, Claire-Louise. Agora o mingau!
4. Considerações sobre o esmalte de unhas: plenamente de acordo.

✶ ✶ ✶

Conversa sobre canetas-tinteiro com Claire-Louise:

EU: Bem, estou sempre passando da Sheaffer pra Parker e da Parker pra Lamy; do preto pro verde, do verde pro turquesa e do turquesa pro vermelho; das lembranças de um amor às lembranças de outro amor, então suponho que "O mar mais profundo" ["The Deepest Sea"] seja o meu conto favorito do seu livro.

CLB: Ah, que incrível: eu comecei a escrever com canetas Sheaffer, depois comprei uma Parker que durou anos e agora estou usando uma Lamy. Eu amo a tinta roxa da Lamy, e a turquesa. Um arco-íris de histórias de amor!

* * *

Nas sessões de tradução com Shira, por chamada de vídeo, sempre escrevo palavras soltas ao redor do poema em que estamos trabalhando. Costumam ser pistas, ideias ou nomes que surgem a partir de nossas conversas laterais: aonde chegamos nos distanciando mais e mais dos problemas concretos da tradução (mas não é esse o problema mais concreto da tradução: devolver você ao mundo, no sentido mais amplo possível?). Tomo essas notas para me lembrar, mais tarde, de buscar informações sobre algo que me interessou, de ler alguma autora ou algum autor que mencionamos ou – o que é mais frequente, acho – de desenvolver na minha própria escrita o germe de alguma ideia que apareceu na conversa. Curiosamente, essa intenção, na hora apaixonante, poucas vezes prospera. Logo que nos despedimos, passo para outra tarefa, o papel em que trabalhamos volta para a divisória chamada "Shira" (é uma daquelas pastas sanfonadas) e não sai dali até a semana seguinte. Sempre imagino que vou repassar essas folhas e escrever a partir dessas anotações. Tentar, pelo menos. É um tanto de material sincero e colaborativo, penso. E fica ali, abandonado. Entretanto: não fica abandonado, mas dentro do poema traduzido. A passagem do inglês para o espanhol incluiu tudo isso. A nova versão contém em sua argamassa toda aquela notação da pressa iluminada.

* * *

Algumas anotações que mal me lembro a que se referiam:

Em "Comice", de Stroud:
- empatia
- Mervin: personagens da Antiguidade/asiáticas
- Rabassa, Goldstein, Bly
- Sweet Adeline (Berkeley)

Em "Dissolving", de Stroud:
- As coisas frágeis [isto acabou sendo a gênese e o título de um poema que escrevi]
- Alexis

Em "This Waiting", de Stroud:
- poemas de "toda manhã"
- Eugene, Oregon
- poesia sufi – trad. Daniel Ledinsky

Em "In Sepia", de Stroud:
- Salinger: *happiness is a solid*

Em "After the Opera", de Stroud:
- Oficina: uma única oração – ritmo

* * *

Toda vez é uma chatice traduzir endereços nova-iorquinos.[6] O East, o West, patati-patatá. Pior ainda se for poesia. Nunca fica bom. Acabo deixando uma letra e um número em inglês. Mas o que são uma letra e um número em inglês?

∗ ∗ ∗

GERMÁN CARRASCO: UM CORPO QUE VOCÊ QUER SALVAR

Hoje queríamos revisitar um poema muito conhecido do Auden. Em geral não reclamo das traduções, mas a que encontramos era qualquer coisa. Tem gente que é pretensiosamente estrita, literalista e histérica. Mas que tem uns manés sem noção que não respeitam as palavras, ah, isso tem. De todo modo, falar de boas ou más traduções é *flaite*, como falar de vinho, viagens ou comida (saio da mesa): é o leitor quem faz a tradução em sua cabeça. Um poema mal traduzido é como um cadáver despedaçado e moribundo na praia (pois é, a praia), mas é um corpo que você quer salvar, e não outro desprezível. Que só os poetas traduzam, sem dicionário. A tradução é gralha e mal-entendido, mas acima de tudo roubo e ressurreição.

---

6 Concordamos! A dificuldade de traduzir esses endereços numéricos é inversamente proporcional à facilidade de se situar neles. Se traduz "8th Avenue" para "Oitava Avenida"; mas "8th Street" vira "rua 8" (e há quem prefira deixar tais nomes em inglês mesmo). Às vezes se diz "Avenida Madison", outras resolve-se manter "Madison Avenue", mas quase nunca se diz "Avenida Park", só "Park Avenue". Pode-se estar numa rua do lado leste (E) ou oeste (W) do Central Park – isso deve ser indicado? É preciso ver a regra, levar em conta as exceções, avaliando caso a caso. (N.T.)

Germán postou este parágrafo no Facebook e depois, pelo que me contou, apagou, porque alguém deixou comentários meio polêmicos, e ele gosta da pessoa e não quis discutir. Que comentários terão sido esses? E o que significa "flaite"? De qualquer modo, gostei muito da reflexão e concordei com tudo, e claro que tive medo de estar entre os literalistas histéricos, já que não estou (espero) entre os sem noção.

Li o breve parágrafo pro pessoal da oficina de tradução, por conta de um embaraço em um poema de Li-Young Lee que Gabriel está traduzindo.

Estou sempre descobrindo opiniões sobre este tema:

Borges segundo Bioy: receber alguma emoção

> *Sábado, 12 de abril.* Sobre Victoria, como tradutora, Borges me diz: "Ela acredita que o importante é transpassar o original palavra por palavra. Não entendeu que o leitor quer receber alguma emoção, que a ele não importa o original, porque não o conhece... Ela traduz *fat* para rechonchudo.[7] Em inglês é monossilábico, nota-se menos."

---

[7] "Regordete" é o termo usado por Victoria Ocampo em espanhol. A citação, como indicado no fim do livro, é do *Borges*, de Bioy Casares, um diário de mais de 1.600 páginas, mantido entre 1947 e 1989, em que o autor foi anotando as conversas com o amigo, que frequentemente jantava em sua casa, o que serve de *leitmotiv* para suas anotações: várias entradas começam com *"Come en casa Borges"*. (N.T.)

Fabio Morábito: oscilar entre esses dois polos

O tradutor tem interesse em ser fiel e respeitoso ao original; ou seja, não se aproveitar dele para alardear suas próprias virtudes literárias, e sim respeitar o texto ao máximo, mas não ao ponto de tornar ilegível o produto dessa tradução. A tradução sempre vai oscilar entre estes dois polos: respeitar o original e, ao mesmo tempo, construir um texto autônomo.

✳ ✳ ✳

Após ler sua versão de um poema de Tomlinson, na oficina de tradução, Laura nos conta: "Desta vez segui meu instinto e fiquei muito mais feliz." "Dá para notar no poema", respondemos a ela.

✳ ✳ ✳

Traduzir é adivinhar.

✳ ✳ ✳

Como é que eu caio, repetidas vezes, nessa ingenuidade de que "é algo muito simples de traduzir". Nada é. A tradução é sempre o nó de um problema. A questão mais simples se ramifica em decisões cruciais, em detalhes a confirmar (sempre a nota da nota da nota, esse estado provisório da palavra); a passagem mais superficial de uma língua a outra tende a ganhar uma profundidade indefinida.

(Comprovo isso hoje, mais uma vez, com um conto muito breve de Bruno Munari.)

César Aira: agora que não traduzo mais

A um tradutor se apresentam o tempo todo os pequenos grandes problemas da microscopia da escrita. Eu deixei de traduzir há dez anos, e foi um alívio, mas com o passar do tempo comecei a sentir que perdera algo. E continuo sentindo. Não é das facilidades do ofício que mais sinto falta, mas das dificuldades, essas perplexidades pontuais que despertavam meu pensamento em geral adormecido. Agora que não traduzo mais, preciso inventá-las.

∗ ∗ ∗

Eu já sabia? Hoje, traduzindo Stroud com Shira, descobri que em inglês "escada caracol" se diz "escada espiral", e ela descobriu que em espanhol "spiral staircase" se diz "snail staircase", e as duas rimos.

∗ ∗ ∗

Em uma cena do conto "Egnaro", de M. John Harrison, aparece uma moça malaia, garçonete de um restaurante chinês. Ela quer oferecer uma sobremesa aos personagens, mas, como fala com sotaque, pronuncia "costa" em vez de "custard" [creme de ovos]. Os personagens demoram um tempo para entender o que é "costa". Depois disso, vem uma série de brincadeiras e piadas com esses sons.

Na minha tradução, tento reproduzir a situação com uma ida e volta entre "fla" e "flan" [flã]; não tanto para imitar a pronúncia malaia do espanhol (que eu desconheço), mas pela semelhança estética entre um flã e um creme de ovos. Mas claro: umas páginas à frente, o jogo de palavras aparece de novo aplicado a outra coisa. O terror do tradutor. Será preciso rever tudo ou verificar se a primeira solução serve de alguma maneira no novo contexto. Nesse caso, a personagem menciona um lugar de veraneio chamado (no original) "Costa Blanca" e, em seguida, faz alusão ao oferecimento da moça malaia.

"'They discuss it as a place to go for their holidays!', said Lucas, in tired disgust. 'Will it be cheaper than Majorca? Its beaches less crowded than the Costa Blanca?'
('Costa?' 'Costa?')"

Como eu faço para unir o flã ao jogo sonoro com a costa? Ensaio um primeiro chute no Google, algo completamente absurdo como praias + veraneio + flã. Quer dizer, um lugar de veraneio que tenha a sílaba "flã" no nome. Mas sabendo que é bem difícil, porque, se existisse, deveria além disso ser um lugar que os ingleses de classe não muito alta pudessem chegar a considerar para suas férias, como as personagens do conto mencionam. No entanto, ainda nem procurei onde fica Costa Blanca.

Pois bem: a primeira opção na minha lista de azul sobre branco é "Praia Flamenca". Sonoramente se prestaria ao jogo, penso. De todos os sons possíveis, começa com "flã". Incrível. Mas onde fica? E isso vai ainda mais além do incrível:

"Praia Flamenca em Orihuela, a zona sul da Costa Blanca, fica a 25 minutos do aeroporto de Murcia e a 45 minutos de Alicante."

O mistério do qual se fala em "Egnaro" voltara a se manifestar durante sua tradução ao espanhol: "custard"/costa, flã/flamenca não são tão parecidas, mas me emprestam o som que tinham que emprestar, e ficam no mesmo lugar! É esse tipo de coincidência que a tradução produz não tão de vez em quando. Chego a acreditar que é a imersão na neurose tradutória que leva a isso; como um conjuro, uma palavra mágica.

Agora me dou conta de que conheci M. John no Malba, durante o último Filba,[8] e esqueci de dizer a ele que a tradução de "Egnaro", uma história na qual as personagens interpretam coincidências linguísticas como sinais, ficou repleta de coincidências; quer dizer, de sinais.

✳ ✳ ✳

Cada vez que, traduzindo, eu me deparo com uma dessas maiúsculas que o inglês usa para nomear idiomas, movimentos, períodos históricos etc., sinto certo prazer inexplicável ao minusculizá-la em sua passagem para o espanhol.

---

8 O Malba é o Museo de Arte Latinoamericano de Buenos Aires; e o Filba, Festival Internacional de Literatura de Buenos Aires. (N.T.)

Como se eu me gabasse de que minha língua não vem com essas baboseiras nem se ajoelha diante de conceitos com pretensões hierárquicas. Essas sensações arbitrárias e irreflexivas também compõem a minha natureza.

* * *

Passei uns dias no Delta com as crianças. Remamos. Voltamos ontem de noite. Hoje me sentei para fazer a oficina com Shira com um ímpeto de "sim, vamos traduzir tudo".
O desejo é essencial para traduzir.

* * *

Anne Carson: a tradução é o processo de pensar sobre o pensamento. Bom, estou traduzindo de um fragmento. Também poderia ser o processo de pensar sobre pensar. Acho que gosto mais. Vamos trabalhar uns poemas de Anne Carson na oficina de tradução.

* * *

Alguém posta no Facebook um poema traduzido, e surgem os revisores de plantão: dessa palavra não gostam, não concordam com o pronome inclusivo, na verdade x poderia ser y.
Alguém publica um livro de poesia mal traduzido. Dois adjetivos e um advérbio na frente de um substantivo, músi-

ca relegada, versos que se alongam até precisarem de um colchete que os empurre para a direita. Ninguém nota nada estranho, adoram, colocam nas redes, dizem que amam essa poeta.

* * *

Na nova oficina de tradução, havia oito pessoas no primeiro dia. Uma delas é Pabla: somos amigas desde o segundo grau. Vivemos juntas muitas coisas importantes. Juntas refizemos a linguagem e forjamos para nós um vocabulário e um anedotário. Juntas traduzimos do latim; tenho uma foto muito bonita na qual ela, sentada à mesa do meu apartamento de Acevedo, sorri com verdadeira alegria, erguendo, um com cada mão, nossos respectivos dicionários *vox latim-espanhol/espanhol-latim*. Agora nos vemos pouco. Das oito pessoas da oficina, foi a única que chegou à mesma solução que eu no primeiro verso de "Cathedral", de Stroud. Fiquei emocionada. Tive certeza de que isso dizia muito sobre a nossa amizade, sobre a nossa história.

* * *

Alguns domingos de chuva, traduzo versos esparsos de poemas e, como são esparsos, tomo bastante liberdade e, como tomo bastante liberdade, me permito roubá-los.

* * *

Anne Carson: dizer as coisas não tão bem

Eu gosto do espaço entre as línguas, porque é um lugar de erro ou de equívoco, de dizer as coisas não tão bem quanto se gostaria ou de não conseguir dizê-las de jeito nenhum. E isso é útil para escrever, acho eu, pois é sempre bom se desequilibrar, ser removida da complacência com que você normalmente se põe a observar o mundo e dizer o que observou. A tradução produz esse desalojamento continuamente; então, respeito a situação, porém não acho que gosto dela. É uma margem útil contra a qual se pôr.

Fabio Morábito: as palavras coincidem mais ou menos

Quando a gente começa a traduzir, se confronta com um problema, para mim irresolúvel: em um sentido, a tradução é impossível. Nem mesmo a tradução de poesia, mas a banal, como ao dizer: "Gosto de um cachorro." Uma frase tão simples poderia parecer que não dá problemas, mas dá, sim, porque se traduz culturalmente. Não traduzimos só um idioma, mas uma cultura. No início, você se confronta com o fato de que as palavras coincidem mais ou menos, mas a gente sente que o sentido não é o mesmo, e isso paralisa. [...] Há algo, um problema metafísico.

Eu leio e concordo com a cabeça.
Traduzir é lindo.
Traduzir é horrível.
Traduzir é desesperador.

Marcelo Cohen: talvez eu não tenha grande fé

Eu não deveria continuar ocultando de mim mesmo que talvez eu não tenha grande fé na eficácia ou na viabilidade da tradução. Eu traduzo porque tenho certa facilidade; porque combina com meu caráter, mais do que o jornalismo ou o ensino; porque não tive paciência de estudar bioquímica, e por teimosia.

Fico muito surpresa ao notar como essa fé na viabilidade da tradução vai decrescendo com os anos e a experiência. Há dias que exclamo francamente, frustrada e sozinha diante do monitor: "É impossível traduzir."

* * *

No entanto, os inícios são sexies: cedo pela manhã, há esse momento emocionante no qual cada palavra, tanto em inglês como em espanhol, vibra de som, sentido e associações: todas parecem me dizer tanto! As duas línguas se medem e se fundem, e por uns minutos todas (as palavras e eu) brincamos em uma matutina orgia etimológica.

* * *

É meia-noite de um feriado, e de repente sinto, como no mar, a onda que me eleva e me empurra: o desejo de traduzir. Fazia tempo que não o sentia com essa potência. O desejo específico de traduzir rapidamente poemas de Marie Howe.

* * *

O corpo, o rosto, a maneira de andar, a maneira de falar de um ou uma poeta: vejo mil vezes Frank O'Hara lendo "Having a Coke with You". Como isso ajuda a tomar decisões de tradução: o cigarro apertado entre os dedos, a confiança na própria voz, a velocidade com a qual as palavras desses longos versos vão saindo de sua boca.
Esse poema é veloz. Foi pensado para ser dito velozmente. A tradução não deveria freá-lo.
Já Jimmy Schuyler lendo "Salute". Lento, arrastado, triste. Sob efeito de comprimidos.

* * *

Traduzir é adivinhar. O outro.

* * *

Olá, sou sua tradutora. Estou te remodelando. Sh! Relaxa!

* * *

Sergio Chejfec: um experimento sobre o que resta

> Perguntaram a um escritor nunca antes traduzido: "O que significa para você ser traduzido para outra língua? – para o inglês, por exemplo, ou para o francês." As perguntas genéricas são as mais desconcertantes. Foi o que sentiu o escritor, que

não soube responder. Pedia-se a ele um comentário sobre um país, ou sobre um público amplo, provavelmente representado nessa nova língua? Ou esperavam dele uma reflexão sobre a hospitalidade das línguas e sobre a literatura como uma peça sinfônica mundial?

Ele teve que recuar e dizer que há coisas que ele não se importa de ignorar. Entre elas, o que implica ser traduzido. Disse que nunca soube, mas até agora ninguém lhe perguntara e, consequentemente, não sabia que ignorava. E que, a partir da pergunta, advertia também que ignorava o fato anterior, ou seja, o possível significado de publicar em sua própria língua. Acrescentou que o espanhol é uma língua de grande população, embora com poucos leitores. "A literatura, em espanhol, não se conjuga no plural", disse. Adicionou que provavelmente, devido a isso, não pensa nos leitores ao escrever, mas se situa em dois lugares que parecem contraditórios: o recinto de uma biblioteca – um espaço formado só por livros –, de um lado, e outro recinto com pessoas que são os escritores que ele conhece – eles se mantêm em silêncio, como sombras atentas, expressivas, mas mudas.

Mais tarde, o escritor aceitou que ser traduzido era uma espécie de experimento. Um experimento sobre o que resta. Porque, se tivesse que definir seus livros em duas palavras, diria que neles seus personagens questionam o significado do que lhes acontece e do que lembram. Para ele, delimitou, a literatura consiste em um discurso sobre o significado interno. E, naturalmente, o tipo de experimento desafiador que encontrava no trabalho de seu tradutor passava pelas perguntas sobre o significado do que escrevia em sua língua própria, ou seja, de sua própria literatura.

Muitas vezes, o tradutor lhe perguntava: "O que você quis dizer com x? E como y pode ser interpretado?", e o autor tinha que ativar a memória e o raciocínio para construir uma cadeia de argumentos ou explicações, lendo o trecho como se fosse algo escrito por outra pessoa e apresentando ao tradutor alguma opinião sobre o que aparentemente havia querido dizer, quando na realidade não estava certo de ter querido dizer nada em particular, mas só aludir a uma série, por sua vez um pouco ampla, de questões.

O problema residia no fato de que a pergunta do tradutor sobre o sentido ou simplesmente sobre a clareza colocava o escritor no transe do indivíduo diante da lei, como acontece no famoso conto de Kafka. O tradutor era o guardião que abriria o caminho para a outra língua só quando o autor oferecesse a resposta correta. Antes disso, a tradução, o edifício idiomático representado pelo tradutor como intérprete, seria inacessível.

Às vezes, o escritor respondia ao tradutor por escrito. Isso se dava quando o tradutor estava especialmente preocupado com a formulação e as ideias, porque não conseguia encontrar a maneira de traduzir as frases de forma não só verdadeira, mas minimamente coerente. Então, o escritor extraía o trecho problemático, que podia ser breve ou extenso, como um parágrafo de muitas linhas, incrustando-o em uma página em branco, e se empenhava em escrevê-lo de outra maneira, com uma sintaxe mais simples ou com ideias mais delimitadas – ou com uma sintaxe mais elástica, mas com incisos claros, como se fossem unidades autônomas; ou pretendendo ser mais expositivo, sem dar nada por certo. Enquanto o fazia, sentia que estava traduzindo a si mesmo, uma operação que consistia em proclamar a fórmula diante do guardião, com uma estratégia diferente.

Em certa medida, segundo ele, a tradução era como se debruçar sobre seu próprio livro de um canto impensado, ou melhor, da sombra, como um vigia com certa autoridade. O tradutor também podia perguntar detalhes pouco claros, aspectos ou fatos contraditórios da história. O tradutor, refletiu o escritor, buscava coisas debaixo das palavras.

Li esse fragmento de Chejfec umas dez vezes nos últimos anos. Ele me diz tantas coisas, que se tornou um vício.

* * *

Conversar sobre tudo ao mesmo tempo, sem rigor, sem limite de tempo e sem preconceito: a melhor maneira de traduzir em dupla.[9]

É difícil encontrar companheira ou companheiro de tradução; mas quando acontece nos atiçamos.

---

9 Este é um dos nossos trechos favoritos do livro e uma das inspirações para o traduzirmos juntas. E eis que justamente no momento em que se descreve esse trabalho compartilhado, o texto apresenta uma dificuldade de tradução: Laura escreveu "entre dos", uma linda expressão, que em espanhol não tem marca de gênero, referindo-se à cotradução como sendo feita *entre* duas pessoas – nos interstícios de uma relação que vai se construindo no processo de traduzir, através de idas e voltas, negociações, dúvidas e soluções, chegando a algo intermediário entre as escolhas de cada uma. Ao traduzi-la, pensamos em algumas opções como "a quatro mãos", "em par" ou "conjuntamente", mas acabou nos parecendo que a melhor solução era "em dupla". (N.T.)

* * *

Sugestão para recompor o ânimo: ficar sem internet ou sem luz, sentar-se para traduzir na mesa da sala de jantar, à mão, poesia, sem dicionário.

* * *

O desejo de traduzir toma conta de nós nos momentos mais impensados ou impossíveis, incômodos. Como o desejo sexual. Depois, quando é preciso traduzir, quando é a hora e o lugar de traduzir, às vezes adormece.

* * *

Traduzir por aí:
- Charles Tomlinson em DTUT, um café de Nova York que não existe mais.
- James Schuyler em um bar de Conesa e Juramento, que agora é um restaurante Club de la Milanesa (com Jacqui).
- Patrizia Cavalli em Carrot, do Bajo Belgrano (Amelia no treino de basquete).
- Elizabeth Willis em Winna, de Urquiza (Amelia na aula de clarinete).
- Arnold Lobel no trem Mitre em direção à estação Retiro.

* * *

E já que mencionei Arnold Lobel e seu livro *The Ice-Cream Cone Coot and Other Rare Birds*,[10] que traduzi para a Niño Editor: traduzir poesia com métrica, rima e humor – quer dizer, reinventá-la – é um remédio muito recomendável para melancólicos. (É a primeira vez que penso que o título *Remédio para melancólicos*, que desde a adolescência reverbera na minha cabeça, na realidade é uma tradução de Francisco Abelenda. O título original é *A Medicine for Melancholy*, e eu jamais me refiro assim ao romance de Bradbury.)

E já que estou falando sobre traduzir poesia com humor, métrica e rima: nesses casos sempre peço ajuda ao meu santo padroeiro Miguel Azaola, que conseguiu essa segunda maravilha com as *Revolting Rhymes*, de Roald Dahl, metendo a mão loucamente, mas sabendo muito bem o que estava fazendo. Que coisa mais linda é ler as duas versões em paralelo e tentar reconstruir (e a cada vez celebrar), seus raciocínios e procedimentos para *Cuentos en verso para niños perversos*.[11]

---

10 Laura Wittner traduziu o título para *El pájaro cucurucho*. Nós amamos. "Cucurucho" é uma palavra saborosa que nem sorvete, que parece ativar as papilas gustativas. Como seria em português? O pássaro casquinha de sorvete? Como tirar casquinha da tradução da Laura? (N.T.)

11 Que coisa mais linda e precisa esse título em espanhol. Dahl, com muito engenho, graça e ferocidade, reescreve em versos seis contos de fada. Ficou em nós a vontade de traduzir esse livro para a língua portuguesa (espiando também a tradução para o espanhol). (N.T.)

Miguel Azaola: com as duas línguas borbulhando na minha cabeça

Foi uma tarefa apaixonante. Eu tinha o tempo todo a sensação de estar numa queda de braço com o texto diante de mim. A peleja era sem dúvida esportiva, amistosa e até mesmo amorosa, mas eu empenhava todos os meus recursos em algo que vivia como um exercício mental de poder a poder, de engenho a engenho, com as duas línguas borbulhando na minha cabeça, mais vivas do que nunca.

Lembro muito bem. Era o verão de 1982, eu tinha uma jornada intensiva na editora e trabalhava de tarde, sentado à sombra, no jardim. Alguma tempestade ocasional fez com que eu me refugiasse dentro de casa e continuasse escrevendo na mesa da sala de jantar, como meu pai sempre fazia. Escrevia à caneta, porque na época não fazia isso à máquina; nunca me incomodara em aprender e tudo o que escrevera na vida foram folhas (muitas; isso, sim), sempre à mão. De noite, lia os resultados de minhas horas de silêncio para minha mulher e meus filhos, e suas reações me diziam, com poucas exceções, que ia pelo caminho certo. Quando, ao fim de duas, quem sabe três semanas, acabei o livro, a tradução era uma pilha de papéis cheios de rabiscos, tantos que restavam poucas linhas válidas em cada folha. Passei tudo a limpo, e lemos juntos, de uma só vez. E ficamos satisfeitos. Seria publicado igualzinho.

* * *

Estou faz uma hora traduzindo um parágrafo do qual, basicamente, não entendo nada. Minhas pálpebras tremulam, e meu braço esquerdo treme.

O buraco negro da tradução, um desconhecido me adverte no Twitter.

✳ ✳ ✳

Na oficina de tradução, trabalhamos com dois poemas de George Oppen. Diante de linhas aparentemente simples, houve diversas interpretações. Surpreendeu-nos como os versos e, inclusive, as partes dos versos pareciam "ir caindo" no poema. "Como se as ideias fossem baixando", disse uma das meninas, "e ele as fosse anotando dessa maneira."

Ainda assim temíamos estar traduzindo de um jeito "despreocupado" dois poemas que, talvez, na realidade, tivessem sido compostos com esmero.

Como nesse dia éramos poucos, sobrou tempo, e no final começamos a ouvir áudios de Oppen nos quais ele lia outros poemas seus. E o que aconteceu? Ele os lia com a mesma "despreocupação" com a qual parecia tê-los escrito. É isto: com uma despreocupação extremamente precisa.

✳ ✳ ✳

Bom dia, Kenneth

Bom dia, Kenneth, me encomendaram
a tradução de quatro poemas

seus para uma antologia. Sabe
venho lendo você, sua obra
desde noventa e um, a intervalos.
Mas não quero voltar tanto atrás
e também não quero mais manter
essa musiquinha decassílaba
porque ainda que você curtisse
a métrica regular
você nunca usou nos seus poemas.
Então lá vou eu de novo:
bom dia, Kenneth
this is just to say que hoje de manhã
consegui interromper tudo
para ouvir você lendo "The Circus".
Você apresentou, leu, depois disse "obrigado"
e aqui na minha casa, em dois mil e dezoito
fez bastante silêncio mesmo sendo Buenos Aires
enquanto você lia, a luz entrou e pousou sobre o livro
(este chamado *On the Great Atlantic Rainway*)
e eu com o livro na mão
fui atrás da sua voz
fugi com o circo.

Esse fui eu que escrevi, não estou citando. E, por falar nisso: o que aconteceu com aqueles poemas de Kenneth Koch que me perguntaram se eu faria a gentileza de traduzir para uma antologia? Isso já faz muitos anos. Entendo que o projeto deve ter sido abandonado. Ali, no cais dos projetos truncados, das traduções feitas com e por prazer, que depois deixamos esquecidas numa pasta do computador, as ondas quebrando sobre elas, desgastando-as.

Por que não as resgatá-la agora mesmo? Aqui vai:

O circo[12]

Lembro de quando escrevi O circo
Eu morava em Paris, ou, melhor, morávamos em Paris
Janice, Frank estava vivo, o Museu Whitney
Ainda era na rua 8, ou ainda era outra coisa?
Fernand Léger morava no nosso prédio
Não era bem o nosso prédio, mas o prédio onde morávamos
Ao lado de uma trupe do Grand Guignol que fazia uma
    [barulheira
Tanto que um dia eu gritei pelo buraco da parede
Do nosso apartamento não sei por que havia um buraco ali
Silêncio! E veio uma voz dizendo alguma coisa
Não sei o que. Uma vez vi Léger saindo do prédio
Acho. Stanley Kunitz veio jantar. Escrevi O circo
Em dois impulsos, no primeiro fiz quase toda a primeira
    [estrofe;
Naquele outono também escrevi o libreto de uma ópera
    [chamada Louisa ou Matilda.
Jean-Claude veio jantar. Ele disse (sobre o "molho rosé")
Que devia ser bom em outra coisa mas não ali (nas ostras).

---

12 Ver, na p.102 a 106 desta edição, "El circo", na tradução de Laura Wittner para o espanhol. (N.E.)

Naquela altura acho que eu já tinha escrito O circo.
Parte da inspiração me veio numa noite andando até o
[correio
E escrevi um longo segmento de O circo
Quando voltei, tendo ficado aborrecido por ir
Esqueci pra que fui até lá
Você estava de volta ao apartamento mas que pocilga e a
[gente gostava
Penso com seus cabelos seus escritos e as panelas
pra lá e pra cá pela cozinha e eu escrevendo O circo
Era uma noite de verão não era outono de um verão é que
Eu lembro mas na verdade nada de outono naquele
[anoitecer escuro a caminho do correio
E escrevi muitos poemas depois mas O circo era o melhor
Talvez não o melhor de longe tinha também Geografia
E os poemas do Avião Betty (inspirados em você) mas
[O circo era o melhor.

Às vezes sinto que sou mesmo a pessoa
Que fez isso, escreveu aquilo, inclusive o poema O circo
Mas por outro lado às vezes não é o que sinto.
Há tantos fatores que atraem nossa atenção!
A cada instante a felicidade dos demais, a saúde de quem
[conhecemos e a nossa!
E as milhões e milhões de pessoas que não conhecemos e
[o bem-estar delas a nos preocupar
Então parece estranho que eu tenha encontrado tempo
[para escrever O circo

Ainda mais passado duas noites nele, e que também
            [tenho tempo
Pra lembrar que fiz isso, e lembrar de você e de mim na
            [época, e escrever este poema a respeito
No começo de O circo
As garotas do circo engrenam na noite
Nas carroças do circo e tulipas e outras flores serão
            [apanhadas
Daqui a muito tempo este poema quer saltar sozinho
Em algum lugar como um quadro que não se atém a
            [representar O circo.

Nessa época Noel Lee estava em Paris, mas quase sempre
            [fora
Dando um concerto na Alemanha ou na Dinamarca
Como parte de uma atividade interminável
Que ou bem era sua carreira ou sua felicidade ou uma
            [combinação de ambas
Ou nenhuma eu me lembro de seus olhos escuros darem
            [a impressão de que estava nervoso
Comigo talvez por causa dos nossos tempos em Harvard.

É bastante compreensível ficar nervoso com qualquer
            [pessoa!

Que suaves e descontraídos nos sentimos quando
            [sozinhos
O amor dos amigos quando dominamos a síndrome
            [do tempo e do espaço

Se é que a palavra certa é essa, duvido, mas juntos como
          [é que ficamos tão nervosos?
Nem sempre acontece mas o que eu estava tentando e o
          [que estou agora tentando criar
Se é que criar é a palavra certa
Para essa combinação de experiência e solidão
E quem é você para me dizer o que é ou não é um poema
          [(não você)? Contudo volte comigo
Para aquelas noites quando escrevi *O circo*.
Você gosta desse poema? Você leu? Está no meu livro
          [Obrigado
Que Grove acabou de reeditar. Eu me pergunto quanto
          [tempo vou viver
E como será o resto, digo, o resto da minha vida.

John Cage me perguntou noite dessas: Quantos anos você
          [tem? Respondi quarenta e seis
(já fiz quarenta e sete anos) ele disse
Ah, essa é uma idade ótima, lembro.
          Uma vez John Cage me contou que não co-
brava caro por [seu curso de identificação de
cogumelos (na New School)
Porque não queria lucrar com a natureza

Ele estava à frente de seu tempo, eu estava atrás do meu
          [tempo, nós dois no devido tempo
Brilhantes os melhores da turma e "o tempo é um rio"
Não me parece ser um rio, e sim um plano informe

Os dias passam e nada está decidido sobre
O que fazer até que você entende que nunca estará e
        [então você diz "tempo"
Mas na verdade você não se importa mais tanto com isso
O tempo significa algo quando você tem a maior parte do
        [seu pela frente
Como eu tinha em Aix-en-Provence, três anos antes de
        [escrever O circo
Naquele ano escrevi Tijolos e A grande pista d'água
Senti o tempo me envolver como uma manta infinita e
        [macia
Eu poderia dormir continuamente e acordar e ainda estar
        [dentro dela
Mas secretamente eu valorizava a parte de mim que
        [estava mudando
Tal como Noel Lee, eu estava interessado na minha
        [carreira
E ainda estou, mas agora é como uma cidade da qual não
        [quero partir
Não uma torre que estou escalando para enfrentar
        [inimigos ferozes.
Na época em que escrevi O circo eu nunca mencionava
        [meus amigos nos poemas
Embora eles me importassem mais do que quase
        [qualquer coisa
Isso foi se atenuando de uns tempos para cá
Então os nomeio quem sabe isso os traga de volta para
        [mim
Não eles, talvez, mas o que eu sentia por eles

John Ashbery Jane Freilicher Larry Rivers Frank O'Hara
Apenas seus nomes já trazem lágrimas aos meus olhos
Como ao ver Polly ontem à noite.
É bonito a qualquer momento, mas o paradoxo é deixá-lo
Para senti-lo quando estiver de volta o sol se pôs
E as pessoas estão mais alegres ou então foram todas
    [para casa
E você ficou sozinho bem você aguenta a sua certeza é
    [como o sol
Enquanto você a tem, pois quando não tem, a falta é uma
    [noite negra e glacial. Cheguei em casa

E escrevi O circo naquela noite, Janice. Eu não me
    [aproximei para falar com você
Nem a envolvi com o braço e perguntei se gostaria de dar
    [uma caminhada
Ou ir ao Cirque Medrano, embora escrevesse poemas
    [sobre isso
E estou escrevendo sobre isso agora, e agora estou sozinho

E este poema não é tão bom quanto *O circo*
E me pergunto se algo de bom virá de um ou de outro
    [mesmo assim.

* * *

Depois de quase um ano sem ter notícias dela, Carla me liga para me perguntar se posso colaborar numa tradução que ela está fazendo. São poemas, então, claro, digo que sim, embora não saiba como vou encontrar tempo para me ocupar disso nos próximos dias. Mas não é só porque são poemas que aceito de imediato: aceito também porque é a Carla e com ela se trabalha bem. E tem mais. Não só "se trabalha bem". Carla e eu não somos íntimas: a vida nos cruzou em algumas circunstâncias, sempre relacionadas com a tradução. E, em todas essas circunstâncias, senti pequenos e súbitos pontos de contato, regiões de proximidade entre nós: uma maneira de perceber a linguagem que, por algum motivo, se vinculava com uma maneira de perceber o corpo.

Combinamos, então, de conversar à tarde sobre os poemas a traduzir. Na hora combinada, eu não posso: estou assando com minha filha um bolo que ela precisa levar para a escola no dia seguinte. Aviso à Carla que mais tarde eu escrevo. Finalmente, quando já está anoitecendo, acho um tempinho para falar pelo telefone. "Melhor amanhã", Carla escreve, "agora estou muito cansada." E logo acrescenta: "Acontece que tenho fibromialgia, e agora nada é como antes."

Claro. Fico olhando a tela do telefone. "Eu também tenho fibromialgia", escrevo. Depois gravo um áudio. Ela me responde, comovida, com outro áudio. Finalmente, acrescenta, por escrito: "Agora estamos mais unidas."

* * *

Juan está traduzindo um livro e eu outro, e nos acontece, como quando dormimos juntos e sonhamos a mesma coisa, que ao fim do dia descobrimos que buscamos, no dicionário ou no Google, a mesma palavra.

* * *

Entrar ou subir no carro?[13] A eterna pergunta.

* * *

O texto diz: *"Seemed to appear."* Eis aí um cruzamento no qual o espanhol se estatela.[14]

* * *

Traduzir é aprender a esquivar.

* * *

---

[13] Em espanhol, ela pergunta se *"Se entra al auto o se sube al auto?"*; em português, diríamos que se sobe no ônibus ou no caminhão, mas no carro se entra. Se alguém diz que subiu no carro, imaginamos a pessoa em cima do teto ou do capô. (N.T.)

[14] O português também. Em inglês há diferenças sutis no emprego de "seem", "appear" e também de "look" e, como mostra Laura, um mesmo fragmento pode incluir dois desses termos. Em português e espanhol os três termos podem virar "parecer". O que fazer? Cortar um deles? Substituir por outro? Depende, tudo é caso a caso. E ainda neste trecho, como é bonito o verbo "estrellarse", que emprestar brilho às "batidas" e "colisões". Traduzimos para "estatelar-se": é a mesma coisa, mas é diferente. (N.T.)

"Deixei a bicicleta na porta de um Tesco Express", escreve Deborah Levy em *The Cost of Living*. Ou: "Peguei o trem na estação St. Pancras." Ou: "Desci em Holloway Road." E eu vi tudo isso em Londres no mês passado, porque fui convidada a um festival. Conheço tudo isso. Não tenho que traduzir o romance (de fato já está traduzido na Espanha, como *El coste de vivir*), mas confirmo: quem traduz deveria viajar antes ao lugar-cenário do que vai traduzir. E então tudo muda. Conhecemos o cheiro de um Tesco Express, sabemos que St. Pancras é enorme e cheia de uma luz eficiente e opaca, somos capazes de dizer do que Holloway Road fica perto.

Martina Fernández Polcuch: sou, afinal, Walter

Estou fazendo uma retradução da correspondência de Adorno e Benjamin para a editora Eterna Cadencia. Como em duas ocasiões anteriores, os papéis estão divididos: desta vez, eu sou Benjamin e minha amiga e colega argentina (Laura Carugati) é Adorno. Agora estou no ano de 1937, em Paris, sou, afinal, Walter (sem sobrenome) e escrevo para Teddie (e não para o senhor Wiesengrund), a quem, de todo modo, continuo chamando de "senhor"... algo que infelizmente não vai mais acontecer.

Minha estadia no Literarisches Colloquium Berlin me permite deixar de lado, durante várias horas seguidas, meu traje *multitask* para me debruçar só sobre a causa. O livro, seus protagonistas, seu tempo, tudo me acompanha nos meus diálogos e monólogos, condicionando assim também o modo como percebo meu entorno. De minha janela, vejo a outra margem do Wannsee, mas não é tanto a imagem da tradução como balsa que me vem à mente, mas antes o fato de que, com o museu de Max Lieberman e a Casa da Conferência de Wannsee, a história não só emana do livro, mas também entra na minha tradução pela janela (entra na minha casa sem bater).

✳ ✳ ✳

Faz quase três anos que não traduzo romances. Tive que deixar. Tive que rejeitar várias propostas incríveis. Até que inesperadamente digo de novo que sim. Insistem para que, pelo menos, eu dê uma olhada no livro. Que é lindo, que é para mim. O verão está chegando: tenho um pouco mais de tempo, e essa tradução não é requerida com a pressa de costume. Dou um Google: o livro é sobre nadar. Sobre água. Eu nado três vezes por semana. O que eu vejo acelera um pouco meu coração. Há desenhos, há pinturas. Pelo menos dá uma lida, me diz o editor. Bom, um motoboy vai levar até você. Que venha o motoboy com o livro, digo, mas não sei, não sei. Ele vem. O que eu vejo e leio me devolve a antiga sensação: isso sou eu que vou passar para o espanhol. Repito para mim mesma os sólidos motivos pelos quais deixei de traduzir romances: não posso viver desse dinheiro, me dá dor nas costas, me escraviza, preenchi meu tempo de trabalho com outras tarefas. Ligo para Mariano Blatt, digo que sim.

✳ ✳ ✳

Voltar a traduzir é voltar a pensar como se diz tudo.

* * *

Na oficina, traduzimos poemas de Charles Reznikoff, desses que ele escrevia enquanto andava e olhava o mundo. Um deles menciona "*wheeling locomotives in the yard*". Entre os integrantes da oficina, não há duas traduções iguais desse verso. Não há duas traduções iguais da palavra "yard" nesse verso. A discussão sobre se quintal, jardim, depósito ou pátio (a preferida) abre passagem para o relato de um filme com Denzel Washington, que Mariángel viu num ônibus e que acontecia numa estação de trem com uma garagem (assim era chamada pela dublagem), onde ficavam à espera as locomotivas temporariamente fora de uso. Dana se lembra, então, de uns filmes que viu num ônibus, na Guatemala: era uma viagem longa, e o motorista tinha preparado vários filmes em diferentes pendrives. No entanto, nenhum dos filmes cabia inteiro no pendrive, de modo que viram uns seis ou sete filmes sem final. O motorista se desculpou: suas intenções eram as melhores, mas as coisas andavam assim. Ficamos nos perguntando que importância pode ter o final dos filmes ou, ao menos, dos filmes como os que Dana nos descreve. Dizemos que, inclusive, pode ser melhor não ver esses finais, que são irrelevantes. Por último, sugerimos que "O motorista que cortava os finais" é um lindo título para escrever um conto.

* * *

Traduzo Leanne Shapton. É um dia ruim. A fibromialgia me acometeu de noite, totalmente inesperada, depois de um dia bom. Estou há duas horas na frente do monitor, e as palavras não encaixam. *"The tall pines, silhouetted against the navy sky..."*
"Silhouetted"... vejo a imagem, penso na quantidade de vezes que traduzi esse verbo que em espanhol se corresponde (sonoramente) só com um substantivo. Sei que a tradução é simples, que está na minha mente, não no dicionário. Mas minha mente não responde, e o corpo dói. Os recursos mentais estão opacos no momento, de modo que percorro dicionários e o mouse faz minha mão doer.

Então minha filha, que faltou à escola, entra. Sem dizer nada (para não me interromper), tira a tesoura de uma gaveta da minha escrivaninha. Ela se vira de costas, mas a escuto recortando um papel.

"Recortados", minha mente sussurra, numa reação cansada. Ah, isso, claro.

"Os pinheiros altos, recortados contra o céu azul-marinho..."

Marcelo Cohen: inúmeros escorregões nas mesmas pedras

Assim que recomeço me deparo com *steep* e, decepcionado com a minha memória, vou ao dicionário para encontrar, entre outras, escarpado. Nos dois últimos anos, eu devo ter traduzido *steep* como abrupto, empinado, escabroso, mas para achar a melhor palavra preciso de ajuda. Nunca indaguei francamente o significado psicológico desses inúmeros escorregões nas mesmas pedras. Mais do que o trauma ou o recalque oculto, me irrita perder tempo. Mas quantas palavras preciosas se desvanecem aí até se perderem.

Penso em quais são essas minhas pedras recorrentes que, embora não me ocultem seu sentido, me obrigam a visitar o dicionário para que o leque se abra. Não lembro agora, não consigo listá-las. Por isso continuam sendo pedras inesperadas, os velhos fantasmas na metade do caminho.

✳ ✳ ✳

Faz dois meses, conheci as piscinas naturais de Hampstead Heath, em Londres. Juan traduzira o belíssimo *Pondlife*, de Al Alvarez, que se desenrola ali, de modo que a visita teve de saída uma relação intensa com a tarefa de traduzir. Juan visitou Al e levou a ele a edição em espanhol do livro. Fomos três vezes e nadamos nos lagos: ele no de homens, eu no de mulheres. Não fomos ao misto.

É claro que eu tinha lido *En el estanque (Diario de un nadador)*, na versão de Juan, e além disso seguira de perto o processo de tradução, então sentia que Hamsptead Heath era um pouco meu antes de ir.

Achei o lugar mágico e, desde então, não deixa de produzir sua magia: já o vi citado em pelo menos quatro livros que li ou folheei. Mas hoje aparece no livro que estou traduzindo, o de Leanne Shapton. "*I went my way up the overgrown front path.*" Vejo claramente Leanne andando pelo caminho selvático que eu mesma percorri várias vezes. Por isso entendo ao que "overgrown" se refere, e a tradução corre e flui durante esse capítulo todo: os lagos, os caminhos, as ladeiras, as pessoas que correm, eu vi e escutei tudo isso. Cheirei tudo isso. E volto a esta ideia: esse deveria ser o jeito de traduzir: deslocar-se até o lugar. Cheirar, comer, andar.

"Consigo ver meu sopro enquanto subo pelo caminho selvático."

* * *

E num sentido, digamos, oposto: não conheço Baltimore, mas acredito ter estado lá, porque é onde transcorre o primeiro romance que traduzi, *A Patchwork Planet*, de Anne Tyler. Também não conheço Montreal, mas tenho carinho por essa cidade, porque é onde transcorre *Beautiful Losers*, se é que "transcorrer" se aplica a essa loucura de romance de Leonard Cohen, para cuja tradução precisei que amigos de amigos fossem até certas esquinas de Quebec e me mandassem fotos.

* * *

Que capricho é esse que me pega às vezes de traduzir à medida que leio a oração, sem permitir que meus olhos e meu entendimento vejam duas palavras além? *It's only rock'n'roll – but I like it.*

* * *

Porque em geral não me é permitido usar o você, traduzo romances inteiros esquivando a decisão entre o você e o tu. Considero que é o único esporte no qual eu me destaco.[15]

* * *

Leanne Shapton está de passagem por Londres e vai só uma vez nadar no lago de mulheres de Hampstead Heath. Ela tem um choque térmico que corta sua respiração assim que entra na água, como eu. Ela observa como as outras mulheres se relacionam. Não sabe qual o jeito correto de se comportar no vestuário e imita as outras, como eu fiz. Não posso explicar o quanto essa coincidência me comove. Talvez porque a dinâmica desse vestuário a céu aberto, desse desnudar-se ao ar livre, retorna ao meu corpo e à minha mente a cada momento. Talvez também tenha a ver com a morte recente de Al Alvarez, dois meses depois de nadarmos nos seus lagos e andarmos por seus caminhos de sombras e raposas.

---

15 Gostamos especialmente desta observação, que diz muito sobre o que significa traduzir num mercado editorial dominado pela ideia de um espanhol "neutro", que na verdade não existe e cuja defesa escamoteia um domínio econômico. Com ironia, Laura transforma a necessidade de deixar de lado o espanhol rio-platense – em que há o uso do "vos" ou "voseo" – numa espécie de restrição a la Oulipo (por exemplo, Georges Perec, um dos membros desse grupo de experimentação literária, escreveu o romance *La disparition* sem usar a letra "e", incrível desafio de tradução encarado no Brasil por Zéfere, que o traduziu como *O sumiço*, editora Autêntica, 2015). (N.T.)

Quando Juan me escreve para contar que Al Alvarez morreu, percebo na sua breve mensagem um pesar muito mais amplo.

Traduzir é se embrenhar dentro de alguém. Abrir um espaço, também, para que esse alguém se embrenhe dentro da gente.

Paula Abramo: Platão, que preguiça

Cada vez que dizem que uma tradução literária é "impecável" como o melhor elogio imaginável, meu coração morre um pouquinho.

A tradução literária é uma tarefa artística. E quando diriam de um quadro ou de um poema que "é impecável"? Pequemos, já que a arte é pecado e decisões.

E, como acontece com a arte, há traduções desleixadas, há traduções admiráveis, há diversos graus de domínio e uso da técnica, da crítica, da criatividade, arsenais linguísticos de diversas dimensões e qualidades, diversos graus de compromisso e responsabilidade diante do trabalho, mas não existe "a melhor tradução possível", porque também não existe um original puro e único para todos em todos os tempos.

Não estamos enfiados com nossos laptops e dicionários na caverna de Platão (Platão, que preguiça).

Conversa com Juan enquanto comemos guacamole e feijões fritos: todos esses poemas muito mal traduzidos que circulam pelas redes sociais e são celebrados por centenas de pessoas. Centenas de pessoas que não detectam uma tradução *desleixada*. Que conseguem desfrutar desse texto surdo ao original, surdo ao espanhol.

Minha conclusão: o poema original é tão bom, que, mesmo maltratado, ferido, conseguiu sobreviver. Dá pra vê-lo debaixo da tradução. Sua emoção e intenção transparecem nela.

Ezequiel Zaidenwerg: o tradutor é o baixista da literatura

> Continuo: se o tradutor é o baixista da literatura, mas também intérprete, arranjador e até vocalista; e se o tradutor é capaz de longas – e frequentemente insatisfatórias – sessões tântricas; então, o tradutor é Sting.

So lonely.

* * *

Traduzo um parágrafo sobre Sudbury, Ontario. No inverno. Com neve e vapores. Jamais tinha ouvido falar de Sudbury. Procuro uma foto invernal, abro e fico olhando para ela pra ver o que me diz (uma cúpula baixa, uma curva na estrada, um edifício quadrado, não muito alto, árvores sem folhas, neve no chão, sol, um céu azul, mas sem muita convicção).

* * *

Traduzo transida de dor. Transida de dor. Penso isto: transida, transir. O último mês foi um dos mais infernais que conheci. Parei de trabalhar para cuidar do meu pai, que adoeceu de repente, de um jeito horrível, e para acompanhar minha mãe, e nos acompanharmos mutuamente, minha irmã, meu irmão e eu. Mas quando consigo, por algumas horas, voltar ao livro que estou traduzindo, me aferro a ele. Esse livro não me rejeita como outros me rejeitaram em tempos de angústia. Esse livro me acolhe, e penso se é por ser sobre a água, e também porque a água da piscina, nas três vezes que consegui nadar no último mês, me acolheu com amabilidade. A água me disse: "Vem, que eu te seguro um pouco, você dá braçadas e bate a perna, e eu te levo." E o livro me diz isso também. Então, nesta tarde de segunda-feira, feriado, silêncio, muito calor, estou dando braçadas. E batendo e esticando a perna, de pena e de dor. Mas o livro me leva.[16]

* * *

E nesta outra tarde, Shira me manda este poema de Joseph Stroud:

---

[16] Somos tomadas por aquilo que traduzimos. E como é bom quando um livro nos recebe, assim, com a amabilidade da água. Também somos tradutoras-nadadoras: mergulhamos metafórica e literalmente. (N.T.)

Translating Neruda the year my father was dying

I translated thirty odes of Pablo Neruda,
my Spanish so poor, so broken and tawdry,
I had to check each word in the dictionary.
Forgive me, Pablo, but my father was dying.
I needed something – *anything* – to hold to.
I know you have many translators,
but none of them, and this I swear to you,
none of them, *compadre*, lived in your poems
the way I lived, holding on to the little artichoke,
a pair of socks, the smell of firewood at night.

Minha versão:[17]

---

[17] Na verdade, a versão do poema de Stroud, que vem depois dos dois pontos, é nossa. Apresentamos a versão da Laura Wittner, que ganhou o título "Traduciendo a Neruda el año en que mi padre se moría", a seguir: "Traduje treinta odas de Pablo Neruda/ con mi español tan pobre y chabacano;/ debí buscar palabra por palabra./ Perdón, Pablo, pero mi padre se moría./ Necesité aferrarme a algo; lo que fuera./ Sé que tenés un montón de traductores,/ pero ninguno, y esto puedo jurarlo,/ ninguno, compadre, vivió en tus poemas/ como viví yo: aferrado a esa alcachofa,/ a ese par de calcetines, al olor de la leña por la noche." Sobre o título, pensamos: "was dying" e "se moría" são fragmentos mais concisos do que "estava morrendo". Mas "morria" não seria natural, e "morreu" eliminaria a ideia de que a morte foi gradual. Traduzir é pôr na balança ou equilibrar-se na corda bamba. (N.T.)

Traduzindo Neruda no ano em que meu pai estava morrendo

Traduzi trinta odes de Pablo Neruda
com meu espanhol tão capenga e cafona,
busquei no dicionário todas as palavras.
Pablo, me perdoe, meu pai estava morrendo.
Precisei de qualquer coisa a que me agarrar.
Sei que você tem diversos tradutores,
mas nenhum deles, isso eu juro a você,
nenhum, *compadre*, viveu nos seus poemas
como eu vivi: agarrada à alcachofra,
ao par de meias, ao cheiro da lenha à noite.

* * *

Baseando-me no adjetivo, pensei que "transir" significava algo assim como "atravessar de maneira dolorosa". Mas não:

Do lat. *transire*. 1. intr. desus. Passar, acabar, morrer.

* * *

E é assim, Shira, Joseph: assim acontece comigo. Enquanto traduzo, vou olhando fotos de todos os lugares onde Leanne Shapton conta que nadou; não me refiro às piscinas de quando ela competia, mas ao que ela chama de "nado recreativo":

Lake of Bays, em Ontario; a piscina do Hollywood Roosevelt Hotel, com o fundo pintado por David Hockney; alguma água em Reikiavik (fico sabendo que "reikiavik" significa "baía fumegante"). Já vi fotos do Dambadet, na Suécia, de tantas perspectivas, que parece que eu me enfiei nessa água verde debaixo da qual o corpo nu parece ocre. Faz dias que sinto essa água sueca nos braços e nas pernas.

Minha meditação pessoal para estes tempos de tristeza é me ver nadando em cada uma dessas águas, com meu maiô Heracles colorido, que é cem por cento poliéster, nada de lycra, para não deformar. Eu fico toda prosa por usar um maiô sem lycra. Me lembra um florido que eu tinha quando pequena e, por algum motivo, quando penso nesse maiô, lembro de mim sentada num cais do Tigre, vendo passar as barcas coletivas.[18]

---

18 Talvez só seja possível ver passar essas barcas, como faz a Laura, indo a esse lugar tão singular que é o Tigre – no delta do rio Paraná, na província de Buenos Aires –, com suas casas e comércios aos quais só se pode chegar por vias fluviais. Tais barcas são o transporte coletivo local e, em espanhol argentino, são chamadas de "lanchas colectivo", o que remete aos ônibus urbanos desse país, os "colectivos". Ao tentar traduzir este trecho, ficamos pensando nos comentários da Laura sobre o "lugar-cenário" das traduções e em como conhecer o espaço onde se situa o texto que estamos traduzindo permite imaginar o que ele conta numa paisagem específica, ajudando a encontrar uma aproximação quando não há um equivalente exato na nossa língua. Mas, é claro, muitas vezes isso não é possível, e outros recursos visuais – como filmes e fotos – podem nos ajudar na imersão no lugar-cenário. (N.T.)

* * *

É sempre um pouco mágico o momento em que tenho que dar um Google em "partes de..." para saber com exatidão como se diz em espanhol essa ou aquela parte dessa ou daquela coisa. Sei que vão aparecer uns esquemas e uns desenhos lindos, alguns em tinta preta, outros coloridos, com setinhas indicando nomes e às vezes mais detalhes. Sei que vou perder um tempão.

O mais habitual, além disso, é que essa busca não resolva totalmente minha inquietude, porque quase coisa alguma parece ter a mesma denominação para suas partes nos diferentes países de língua hispânica, sendo que em muitos casos sequer têm a mesma denominação dentro da Argentina, existindo inclusive casos em que algumas partes nem mesmo parecem ter denominação. Então me lembro do meu pai nos explicando a importância das normas técnicas (IRAM, CASCO, ISO e as de cada instituto normalizador) e do consenso entre todos os países sobre como nomear certas coisas (não todas, claro: não falávamos de poesia nesses cafés da manhã da infância, embora eu tenha usado esses conceitos para minha escrita mais de uma vez) e sobre como deviam ser essas certas coisas.

Meus favoritos até agora provavelmente são "partes de uma baía" (que usei para *Estanque*, de Claire-Louise Bennett) e "partes de uma piscina de competição" (que usei para *Swimming Studies*, de Leanne Shapton).

É curioso perceber quantas coisas conheço, mas não sei nomear, embora a longo prazo confirme que não têm nome.

***

Paula Abramo: digam pra eu relaxar

Por favor, digam que eu não tenho que me preocupar com as rimas que há nos originais de Lispector, me dão tiques, mas estão ali, ela colocou e não ouviu, e se ouviu não se importou, e, se ela não se importou, porque eu teria que me importar? Mas eu me importo, elas pulam, chiam, destoam, incomodam. Digam pra eu relaxar.

***

Buenos Aires, último dia de dezembro de 2019. Esta é a primeira coisa que devo traduzir hoje do livro de Leanne Shapton: "Saint Barth, último dia de dezembro de 2009."

É assim o tempo todo. E é quase por isso que decidi escrever estas notas sobre como se entrelaçam a tradução e a vida.

***

Quando estou terminando de traduzir um romance e releio as primeiras páginas que traduzi, encontro esse estilo naïf e tateante das conversas que temos com alguém que estamos conhecendo e que, mais adiante, será um grande amor, uma pessoa com quem teremos construído uma linguagem íntima e comum.

***

Às vezes, na piscina, divido a raia com uma mulher que deve ter a minha idade ou talvez seja um pouco mais velha; adoro como ela nada. Ela vai e vem num ritmo constante; não descansa a não ser para ajeitar os óculos. Usa uns maiôs ao mesmo tempo originais e discretos. De cores tipo ocre, amarelo, verde-musgo. Cores que tenho vontade de chamar de nomes sedutores. Nas costas, as alças sempre desenham nela algum cruzamento chamativo e deixam ver mais ou menos da sua pele uniforme. Acho que é japonesa ou filha de japoneses. Parece ter sido nadadora de competição. Na minha mente, ela é Leanne Shapton, embora eu saiba perfeitamente que Leanne é mais jovem, que sua mãe é filipina; embora eu tenha visto o rosto de Leanne, e elas não se pareçam em nada.

✳ ✳ ✳

Será que a autora sente algo à distância, no corpo, enquanto eu traduzo seu texto? Que nem um vudu?

✳ ✳ ✳

CONVERSA COM MINHA TRADUTORA[19]

Para María José

Ela me diz

---

19 Tradução nossa para o poema "Conversación con mi traductora", de Mara Pastor. (N.T.)

"Esse você tem que ler
com uma cerveja geladinha."
Eu leio enquanto dirijo
ouvindo o choro
da minha filha
enquanto o sol bate no seu rosto.
Onde eu digo *arrojo*
ela diz *edge*
e eu gosto do que ela diz.
Ela comenta
que não traduz bem o título.
Assim vamos desdobrando
em outras formas que são o mesmo,
mas diferente.
Meu companheiro me pergunta
o que estou fazendo olhando
o telefone enquanto dirijo.
Eu gostaria de responder
que estou tomando uma cerveja.
Estou em alguma margem
de alguma palavra
que ainda não se parece com descanso.
Mas minha tradutora curte
quando traduz meus poemas
em bosques longínquos
semeando cambarás
junto com toranjas.
Para isso também
se escreve, para que outra

pessoa habite a margem
de alguma palavra
que não se traduz.

Mara Pastor

* * *

Maldição: "strength" e "effortless" numa mesma frase. Maldição: "use" e "wear" numa mesma frase.[20]

* * *

Tenho que conseguir uma ilustradora ou um ilustrador que queira se associar comigo pra fazer um romance gráfico: "Tudo o que aprendi sobre o mundo sentada na minha escrivaninha traduzindo livros."

* * *

Traduzir é puro instinto.

* * *

---

[20] Em português, "usar" também pode ter o sentido de "vestir", ou seja, podemos manter duas palavras diferentes na frase, de modo que a maldição não se aplica. (N.T.)

Traduzo, traduzo, traduzo, e quando me levanto pra buscar água já escureceu, e o resto da casa está na penumbra.

* * *

Fui a um novo oculista, comecei a explicar a luta tradução/miopia/vista cansada, e ele me disse: "Ixi, para os tradutores fica difícil porque..." e descreveu perfeitamente o desdobramento de planos e distâncias. Falou inclusive de quando usávamos mil dicionários, antes do advento da internet. *Is this love that I'm feeling?*

* * *

Traduzir é se autoanalisar.

* * *

Luciana: "Não, isso não vai acontecer *never ever*. Como a gente diz *never ever*?"
　Eu: "Nunca, jamais?"
　Luciana: "Não, nunca unca."

* * *

Um amigo estrangeiro do meu pai me escreve para me perguntar sobre a saúde dele. Só conheço o amigo de nome. Um dos muitos amigos que meu pai foi deixando pelo mundo ao longo de anos de trabalho em diferentes países.

Demoro semanas para responder. Acabo escrevendo uma mensagem em inglês. Tento ser concreta e concisa, mas a mensagem fica carregada de sentimentos dilacerantes. É que traduzir pela primeira vez esta pena aprofunda a dor.

* * *

Outra vez traduzo chorando.

* * *

Minha tradução de hoje me leva a conhecer virtualmente um lugar tão sofisticado e luxuoso, que este alfajor Suchard muito degradado que estou comento produz em mim um autodesprezo indignado.

* * *

É a última cena do livro que venho traduzindo há meses, e a narradora liga o rádio do carro, e eu coloco a mesma canção para as últimas linhas da minha tradução, porque quem sou eu sem meus rituais?

* * *

Às vezes, antes de dormir, Juan e eu contamos um para o outro as palavras novas que a tradução do dia deixou para cada um. (Eu ontem disse "unspool", em suas diversas acepções, e ele disse "Ah! A corrente escapou!".)

* * *

Estou corrigindo a parte da tradução na qual trabalhava quando meu pai foi internado.

* * *

Eu faria um livrinho, ou melhor, uma plaquete só com as coisas que procuro no Google, tal como as redijo. Mas não sei se estou pronta para passar por esse ridículo.

* * *

Traduzo "serious rest" como descanso verdadeiro, sem enrolar demais – mas bem que eu poderia –, só por carinho ao título em espanhol do romance de Amos Oz *Um descanso verdadeiro*. E de imediato me dou conta de algo muito curioso: o que estou traduzindo é Ammons, *Tape for the Turn of the Year*. Ammons, Amos.

Eu sei, não vou negar: faço laços de amor enquanto traduzo.

* * *

No isolamento obrigatório pela pandemia, de luto pela morte do meu pai: nunca imaginei, quando aceitei traduzir *Swimming Studies*, que um livro tão flutuante e transparente acompanharia um momento tão ominosamente denso.

* * *

E, no entanto, é só nisso, o mínimo, que consigo me concentrar nesta terceira semana de confinamento, de medo e de tristeza: corrigir minha tradução de algo que outra pessoa escreveu. O *cover* de um *cover*.

* * *

Sentar com Juan para fazermos consultas mútuas sobre as versões finais de sua tradução e da minha é das poucas coisas que conseguem me acalmar e me concentrar um pouco. Ficamos realmente compenetrados diante dessas folhas impressas e esses Words com partes marcadas em amarelo. Discutimos longamente possibilidades: como dizer da melhor maneira algo que, no fundo, não vai fazer diferença para quase ninguém.

Muitas vezes se produz uma espécie de anagnórise linguística: enquanto se enuncia a dúvida, a dúvida resolve a si mesma. Era preciso dizê-la em voz alta: "Porque aqui onde diz... já experimentei de mil maneiras, todas ficam horríveis, porque se eu colocar... ah, mas claro! Era muito simples!" E o outro, a outra, não fez nada além de ouvir. Nem abriu a boca. Susan Sontag: "Eu quase não penso, a não ser quando estou falando. Por isso falo tanto." E melhor ainda: "Minha mente me escapa. Tenho que surpreendê-la pelas costas enquanto falo."

* * *

Num dos primeiros dias do isolamento obrigatório, poucos dias depois da morte do meu pai, chega para mim o áudio de um editor propondo que eu traduza Louise Glück. Sinto que não consigo falar pelo telefone, não consigo pensar, não consigo traduzir, não consigo pensar em traduzir. Mas reconheço nessa proposta uma porta distante ou a possibilidade de uma porta distante, que deixe entrar alguma luz. Então eu me esforço para falar ao telefone, para soar moderadamente – minimamente – lúcida – não acredito ter conseguido – e aceito. Passo os dias seguintes lendo quatro livros de Louise Glück ao anoitecer, na varanda, muito devagar. As outras varandas, habitualmente vazias, se encheram de gente. Uns fazem ginástica, outros tocam violão, um casal janta e conversa a cada noite numas poltroninhas de vime branco e, pelo que chego a entrever, abrem a cada vez um vinho.

Os poemas de Glück são desassossegadores. Não contradizem a sensação de catástrofe existencial que estamos vivendo. Mas são bons, e são poemas, e talvez eu os traduza, e me fazem ficar sentada na varanda com a cabeça em alguma coisa.

Não sei se o projeto vai se concretizar ou não. Desde então não tive mais notícias. Mas, caso se concretize, será a primeira vez que vou receber para traduzir um livro de poesia. Imaginar que vou traduzir poemas de Louise Glück a trabalho me dá esperança. Ou simula me dar esperança. Esses dias têm sido muito difíceis para mim.

* * *

Um ano depois, redescubro estas linhas e me surpreendo diante da mesma escolha lexical:

CIRCE MAIA: POR QUE RESOLVI TRADUZIR?

Por que eu traduzo, por que resolvi traduzir? É difícil saber. Por que razão traduzir poesia? Não por uma razão, mas por uma esperança. Pela esperança de que a poesia possa gerar poesia também em outra língua. E não é isso o que queremos?

* * *

Não, eu não traduzi Glück, mas mais adiante, ainda confinada, ainda em busca de esperança, traduzi uma série de poemas de Katherine Mansfield para serem ilustrados e publicados por Los Libros del Lagarto Obrero, da Editorial Maravilla. Durante vários meses, enfiei a cabeça ali, acompanhada por Roberta, Celeste e David, as editoras e o editor. E quando terminei eles me disseram: "Que tal você escrever uma nota sobre a tradução?" Esses livros são orientados para meninas e meninos, embora não de maneira exclusiva, e de repente me pareceu muito tentadora a ideia de falar com meninas e meninos sobre o processo de traduzir, sobre algumas das coisas que isso implica. Como foi que nunca o fizera, a não ser na intimidade da minha casa, com meu filho, com minha filha?

Escrevi, então:

Este livro tem cada poema duas vezes. Vocês devem ter visto que de um lado o poema está em espanhol e, na página da frente, o poema está em inglês. Talvez vocês tenham tentado comparar algum deles com seu reflexo. Se assim foi, devem ter descoberto que não era um reflexo, e que este livro, na realidade, não tem cada poema duas vezes: tem, de um lado, o poema original, que Katherine Mansfield escreveu em inglês faz cem anos ou mais e, do outro, a tradução desse poema em espanhol, que eu fiz agora.

Traduzir um poema é ficar sempre parada no meio de dois idiomas e ver o que é possível fazer. O poema original diz algo de certa maneira, canta, pisca o olho, fala de coisas que talvez não existam ou que nunca existiram na língua para a qual se quer traduzir. Se recortássemos esse poema numa cartolina e o apoiássemos contra o recorte de sua tradução, sobraria por um lado, faltaria pelo outro. Se separássemos delicadamente cada palavra do poema em inglês para emparelhá-la com uma palavra em espanhol, teríamos buracos em algumas partes e uma pilhazinha de possibilidades em outras. E, se quiséssemos que a tradução produzisse uma música idêntica à da original, ficaríamos muito frustrados mesmo: o inglês canta de uma maneira, eu canto de outra quando tento imitá-la.

Neste livro, os poemas vêm de dois em dois, um na frente do outro: o da direita foi Katherine Mansfield que escreveu, o da esquerda fui eu, tentando colar nas costas de Katherine. Tentando ver por cima do seu ombro para descobrir o que ela viu e imaginar como ela quis dizer isso.

O inglês e o espanhol rasparam um contra o outro, experimentaram alturas, sotaques, sentidos. Eu disse os versos em voz alta: eu os disse muitas vezes em inglês e depois fui experimentando em espanhol, para ver de que maneira podiam cantar com um tom parecido. Pensei nas meninas e meninos de 1910, 1920 – quando estes poemas foram escritos – e em vocês, meninas e meninos de agora, que são quem vai ler estas traduções. Como deixá-los entrar confortavelmente nestes mundos de palavras, para que assim possam se encontrar, meninas e meninos separados por uma língua, muitos quilômetros e um século?

Nos poemas de Katherine Mansfield há meninos e meninas que brincam em jardins encostados em bosques; algum se perde no bosque e não volta, alguma entra no bosque e tem um encontro curioso. Há festas de aniversário, tempestades terríveis, pássaros estranhos, pássaros menos estranhos, pássaros que cantam ou que voam alto ou que estão feridos. Há uma menina que tem um irmãozinho, e os dois parecem se divertir muito com sua avó. Eu acho essa avó muito legal. Aqui onde a gente mora, e agora, também há um pouco de cada uma dessas coisas. Talvez não idênticas, mas parecidas.

Foi lindo pensar em conjunto para chegar a estas versões onde espero que encontrem Katherine e fiquem à vontade.

* * *

Para seu novo projeto Ordem de Traslado, uma série de leituras em voz alta de poemas traduzidos por ele ao longo dos anos, Ezequiel propõe que eu leia "Voy a llamar a esta muerte verde amarillenta, su color preferido",[21] de Jesse Lee Kercheval. Quando Ezequiel o traduziu e pôs no Facebook algumas semanas atrás, eu chorei durante a leitura. O poema fala sobre a morte da mãe e tem vários pontos em comum com o modo como meu pai morreu. Ou nem tantos, mas sinto que sim. Aceito gravar e, enquanto o leio, tenho a sensação de que estão me estrangulando. O poema transpassa meu corpo como um fantasma. Na terceira tentativa, Ezequiel aprova a qualidade do som e coloca no Spotify.

Minha leitura vem depois da leitura de Jesse Lee, que lê o original. Ela me manda um e-mail muito carinhoso.

* * *

Estava acabando de corrigir a tradução e percebi que determinado comentário era uma anedota. Às vezes, traduzir me deixa séria demais. O risco de entender mal me tensiona.

* * *

Na quarentena, procurando a tradução indicada para "girded iron", tomo total consciência da felicidade que as construções em ferro me fazem sentir. Em especial as pontes e

---

21 Propomos, em português, "Vou chamar essa morte de verde-amarelada, a cor favorita dela", marcando o feminino no fim do título. (N.T.)

as estações de trem. Quero ficar de novo parada em St. Pancras, sob aquele teto de ferro entrecruzado e ao lado da *The meeting place*, aquela escultura de bronze que me provocou sensações igualmente entrecruzadas.

Esse desejo férreo me faz entender que sequer sabemos quando será possível voltar a viajar. Ou o que será de nós daqui pra frente.

※ ※ ※

Traduzir um romance consiste em traduzir um romance e depois fixar os olhos em qualquer parágrafo da nossa tradução e perceber que pode ficar muito melhor. Corrigir, deixar passar alguns dias, olhar outra vez e perceber que ainda pode ficar muito melhor.

※ ※ ※

Traduzir rápido é como galopar: o impulso vem e nos faz teclar como se fôssemos um cavalo esporeado, de repente sentimos que vamos ganhando terreno, cobrimos de letras a tela em branco como o cavalo deixa pegadas duplas na terra sem pasto.

(É claro que depois será preciso rever as pegadas.)

※ ※ ※

The Bustle in a House

The Bustle in a House
The Morning after Death
Is solemnest of industries
Enacted upon Earth –

The Sweeping up the Heart
And putting Love away
We shall not want to use again
Until Eternity –

Sei de cor esse poema de Emily Dickinson, em inglês, desde que Laura Cerrato o apresentou pra gente em numa de suas aulas de literatura inglesa; ou seja, há mais de vinte e cinco anos. Desde então, traduzi esse poema muitíssimas vezes, com diferentes métricas e diferentes rimas. Em versos hendecassílabos, claro, mas perdia imediatamente sua chicotada, a dor violenta que só a compressão pode causar. Octossílabos, sim, mas aí eu não conseguia comprimi-los: muitas palavras de três e quatro sílabas que me pareceu inconcebível substituir. Nunca cheguei a um resultado que me satisfizesse da forma que o original me satisfaz e, como acontece com tantas coisas, desisti de tentar. Não me parece ruim abandonar certas tentativas de tradução. Talvez até me pareça bom. Além do mais, no caso de Emily Dickinson, poucas vezes vi uma tradução para o espanhol que me parecesse totalmente acertada. (Não, nem as de Silvina Ocampo. Agora me lembro de um texto em que Delfina Muschietti se empenha em criticar, desconstruir e corrigir as versões de Ocampo para Emily Dickinson, aproveitando para compará-las com as de Amelia Rosselli para o italiano.)

Ontem Ezequiel Zaidenwerg publicou no Facebook sua versão de outro poema de Emily, "I Am Afraid to Own a Body". Não conhecia o poema, mas reconheci de imediato os gestos e o sopro da autora naquela versão, embora a publicação não tenha incluído o original. Manifestei minha surpresa e contei a Ezequiel sobre as tentativas frustradas com "The Bustle in a House". Minutos depois, ele me escreveu: "Imagino como fazer isso. Li o poema e meio que achei um jeito." Seguiu-se um intercâmbio de opiniões; praticamente ele me mostrando versos, e eu aprovando, possivelmente dizendo a ele que palavra sempre imaginava no lugar de outra. Meia hora depois das primeiras trocas, já existia uma versão de "The Bustle in a House" em espanhol da qual eu gostava.

Disse a ele que estava pasma com seu reflexo de tradução superdesenvolvido: isso de ler o poema e "ver" a tradução. Acredito que tenho esse reflexo, mas no meu caso é uma reação temperamental que às vezes aparece, espontânea, e outras vezes tem que ser um pouco forçada. Ezequiel viu em segundos como aquela música, aquela noção e sobretudo aquele sentimento indescritível ganhavam forma em espanhol. "Isso também não me acontece sempre", ele disse, "menos ainda com Emily Dickinson. Mas gosto demais de você, e saber que para você isso é importante é um incentivo enorme." É assim para todo mundo, então? Assim se cruzam e se unem a tradução e as emoções?

A versão que Ezequiel me dedicou:

El ajetreo en la casa[22]

El ajetreo en la casa
la mañana tras la muerte
es en el planeta entero
el trabajo más solemne –

A barrer el corazón;
y el amor, a su lugar:
ya no sabremos usarlo
por toda la eternidad –

Marcelo Cohen: um toque, um reflexo compulsivo

> Mas sempre resisto a aceitar que o formigamento que ataca meus dedos quando fico um tempo sem traduzir, e que se estende por todo o meu corpo na busca insistente de posição, de um passo, de um repique, seja um reflexo compulsivo. Não, senhor. Os dedos querem *tocar*. Talvez queiram me ajudar a suspender a convivência comigo mesma, a me esquivar de mim

---

22 Paulo Henriques Britto, com quem trocamos ideias sobre Dickinson, nos presenteou com esta tradução inédita: "A Azáfama numa casa/ Pela Morte visitada/ É das tarefas no mundo/ A mais solene e elevada. // Faxina-se o Coração/ E guarda-se pra mais tarde/ O Amor que só se há de usar/ Quando vier a Eternidade." (N.T.)

numa língua estrangeira, a me iludir de que toco outra criatura. Mas pra mim eles sentem falta de um instrumento. É evidente que sentem a tradução, mais do que como hermenêutica, como execução. Os dedos inquietos manifestam uma nostalgia da música tão típica de quem trabalha com palavras, e se convencem de que, traduzindo, vão aliviá-la.

* * *

Traduzir é seguir vivendo.

* * *

Ontem tentamos retomar a oficina de tradução. Tínhamos deixado pendente, desde outubro, o primeiro poema de *Tape for the Turn of the Year*, de A. R. Ammons. Mariángel criou uma pasta no drive e a intitulou "Oficina de tradução de poesia em quarentena". Isso já me angustiava. Os encontros da oficina de tradução costumam vibrar de tanta atenção e entusiasmo e, mesmo presencialmente, é difícil estabelecer e seguir uma ordem, embora ao fim das duas horas e meia o texto trabalhado estivesse tão compreendido, desdobrado, comprimido e de novo desdobrado, se tornasse tão *querido,* que todas nos sentíamos capazes de chegar a uma versão digna, criativa e respeitosa.

Optamos por trabalhar combinando WhatsApp e drive. O caos reinou. Você deveria ter visto essas trocas, Archie Randolph. Poderíamos ter desejado para essa primeira tentativa, justamente, o que você desejou para o seu poema: "clareza e simplicidade!/ sem murmúrios, fragmentos/ de frases, conectados/ sem ligação lógica,/ encordoados/ na escuridão/ tentando refletir/ densidade: é/ um muro/ que obscurece o vazio, a/ fala de um homem que/ tem que falar/ mas não tem nada a/ dizer: deixe essa música/ destacar/ as coisas complexas,/ clarear o que está destacado,/ para que haja/ compreensão [...]"

* * *

Traduzir é perguntar-se várias vezes por dia: "É assim que se diz ou estou inventando?"

* * *

Traduzir é repetir em voz alta várias vezes.

* * *

Traduzir é desnaturalizar e voltar a naturalizar (e desnaturalizar outra vez).

* * *

Mas veja este soneto de Rika Lesser. Que sorrateira, Rika. Como traduzi-lo? Ela é poeta e tradutora, traduz do sueco e do alemão, mora no Brooklyn, tem cabelo comprido. Agora quero traduzi-lo e perder tudo o que disse e ganhar tudo isto aqui:

TRANSLATION

Lost: the Original, its Reason and its Rhyme,
Words whose meanings do not change through time,
"The soul in paraphrase," the heart in prose,
Strictures or structures, meter, *les mots justes*;
"The owlet umlaut" when the text was German,
Two hours of sleep each night, hapax legomenon,
A sense of self, fidelity, one's honor,
Authorized versions from a living donor.

Found in translation: someone else's voice:
Ringing and lucid, whispered, distant, true,
That in its rising accents falls to you,
Wahlverwandtschaft, a fortunate choice,
A call to answer, momentary grace,
Unbidden, yours; a way to offer praise.

Vamos ver, Rika, vamos lá.
    Inspiro profundamente:

TRADUÇÃO[23]

Perde-se original, razão, rimado,
Palavras que não ficam no passado

---

[23] Ver, na p. 113 desta edição, "Traducción", na tradução de Laura Wittner para o espanhol. (N.E.)

"Paráfrases da alma", coração prosa,
Restrições, construções, metro, *mots justes*;
"Trema na coruja" do texto em alemão
Dormir duas horas, hápax legómenon,
Fidelidade, honrosas decisões
Doadores vivos aprovam versões.

Encontro na tradução: outra voz
Lúcida e longe, ressoa certeira
O que se acentua só cabe a você
Wahlverwandtschaft, escolha feliz,
Um chamado, um momento de glória
Seu, involuntário; louvação do agora.

Que exemplo tosco de tudo que se perde e do tantinho que se ganha. E também do meu consolo habitual: a métrica rima mais do que a rima.

No processo descobri a alusão a "Lost in Translation", de James Merrill; é daí que vem o "*owlet umlaut*", com o qual Merrill se refere ao trema da língua alemã. Esse poema, escrito em pentâmetros, mas sem rima, parece comparar a tradução à montagem de um quebra-cabeça de mil peças. Tem uma epígrafe de "Palme", de Paul Valery, na tradução de Rilke para o alemão. Mais tarde, em alguma outra ocasião, Merrill traduziu essa epígrafe para o inglês.

A propósito: "Um *hápax legómenon* é uma expressão que apareceu só uma vez registrada em um corpus, seja de determinada língua, um(a) autor(a) ou obra específica."

∗ ∗ ∗

Com esse sistema louco de tradução em quarentena – por áudios e textos pelo WhatsApp – pensamos, com as garotas da oficina, na tradução de "But What Is The Reader to Make of This?", de Ashbery. Todas as versões que enviaram soam bem, todas são dignas, mas cada uma experimentou sua maneira de reconstruir algo que sente não ter compreendido totalmente. Sugiro recorrer ao que o próprio Ashbery disse numa entrevista: "Acho que se trata mais de manter a concentração no texto tal como ele é, o que, certamente, é algo muito difícil de se fazer. [...] Acho que isso requer um certo tipo de atenção, porque uso as palavras de uma forma muito precisa: elas querem dizer exatamente o que dizem, e não algo paralelo ou que possa ser parafraseado."
Claro, mas com Ashbery isso às vezes...

Ida Vitale: outra pele

O poema [a ser traduzido] é como um corpo que estamos despindo e não podemos deixá-lo assim no mundo, é preciso vesti-lo com outra pele, com outra língua que às vezes se presta e às vezes não.

E no entanto:

ANNE CARSON: O PONTO / A ATRAÇÃO

Cada tradutor conhece o ponto em que um idioma não pode ser transvazado em outro.

E:

Há algo insanamente atrativo em uma palavra que, no trânsito para outra língua, permanece silenciosa.

Mas também o contrário:

EZEQUIEL ZAIDENWERG: O QUE SEMPRE ESTEVE LÁ

Não é preciso dizer por que razões e até que ponto os Estados Unidos são, para nós, estrangeiros, objeto de fascinante perplexidade e de vasta imaginação desde a infância. Pessoalmente, minha descoberta da literatura veio com uma tradução de *Huckleberry Finn*. Huck, na minha lembrança, viaja pelo Mississippi com Jim, um escravizado fugitivo, e para numa cidade próxima, onde compra uma longa lista de coisas – uma faca, tabaco, uísque, toucinho e outros suprimentos – por um dólar. Eu já tinha alguma ideia do valor do dinheiro e aparentemente também estava ciente da inflação, tão grave naquela época quanto agora, porque não me surpreendeu deixarem um menino como eu comprar essas substâncias e que ele estivesse disposto a consumi-las como os adultos, mas sim o inabalável poder de compra de tão módica quantia. A minha primeira noção de literatura foi aquela moeda única, aquele dólar platônico, alheio às flutuações da taxa de câmbio, que era possível trocar por uma série extensa de pequenos tesouros extraordinários. Anos depois, voltei a ler o livro em sua língua original, para reencontrar aquela passagem e recriar aquela sensação. Como era de se esperar, nunca consegui encontrá-la. Mas, em retrospecto, tive a intuição de que talvez traduzir seja uma forma de mostrar o que sempre esteve ali, embora nunca tenha estado.

* * *

Sempre lamentei que, ao contrário dos romancistas, aqueles de nós que escrevem poesia não tenham "um lugar para onde voltar". Eu escrevo só de vez em quando, um poema de cada vez, sem procurá-lo. Aparece. E depois de corrigi-lo e considerá-lo mais ou menos pronto, volto a ficar, digamos, exposta à intempérie. Quem escreve um romance tem ali a sua casinha: se senta e percorre os cômodos já arrumados, tenta continuar construindo.

Porém agora, no meio desta quarentena, vi o óbvio, e como tardei: a tradução é o meu romance.

* * *

1º de maio: entreguei a tradução de *Swimming Studies*. Mais do que entregar, deixei que ela finalmente se fosse.

* * *

A oficina de tradução em quarentena está encontrando seu caminho. Obrigou-me a fazer uma lista de sete regras para tentar organizar tanto entusiasmo, tanto para dizer. "E aqui estou!", diria Frank O'Hara. Listando as regras! Já que não "o centro de toda beleza". Imaginem só!

* * *

Na verdade, todos pensamos nas regras e incluímos esta: que antes de começar a debater, cada um leia a sua tradução em voz alta. E naquele momento em que as vozes de Laura, Flor, Mariángel, Sofia, Maribel, Dana e Vicky se uniram, num fluxo de versões de um mesmo poema, cada uma com seus tons e suas notas, seus graves, seus agudos, suas escolhas lexicais, sintáticas, suas omissões e seus acréscimos... aquele momento me fez flutuar, assim sentada em frente ao computador em plena pandemia.

* * *

Quando o projeto de Glück fracassou, Chai me propôs traduzir um galês, Cynan Jones. Se é do País de Gales, é bom; é algo tipo meu slogan literário baseado fundamentalmente na minha afeição por Dylan Thomas. Mas existe motivo melhor? Não foi ele quem me levou à poesia em língua inglesa, aos quatorze, quinze anos? Sempre quis ir para o País de

Gales e ainda não consegui. No ano passado, vi Gales de uma colina vizinha, em Ledbury.

✳ ✳ ✳

A vida de uma tradutora também é atravessada por todas aquelas autoras e por todos aqueles autores que ela esteve prestes a traduzir, leu, pesquisou, sublinhou e no fim deixou tranquilos no seu idioma.

✳ ✳ ✳

Num dia de quarentena rigorosa e paralisação mundial, Martina Fernández Polcuch me escreveu e contou que, com Ariel Dilon, está organizando a segunda edição de *Alta traição*,[24] um ciclo que permite aos tradutores expor brevemente alguns aspectos de seu trabalho em relação a um livro em particular. Ela me convidou a participar: desta vez, claro, não será presencial, mas por vídeo. Vai se chamar "Registros de tradução". Posso escolher a tradução sobre a qual vou falar, escolher o que dizer, como; sugerir ideias para o vídeo; mandar fotos e gravações. Parte da angústia acumulada relaxa por um momento. Fico repleta de desejos e ideias. Seleciono, é claro, dos mesmos cadernos em que escrevo há anos.

---

[24] Que nome maravilhoso! *Alta traición*! Remete a *Alta fidelidade* – o livro e o filme, de Nick Hornby e Stephen Frears, respectivamente. Quanto cabe em duas palavras? (N.T.)

Resolvo falar sobre *Swimming Studies*, de Leanne Shapton (agora a tradução já tem título – *Bocetos de natación*[25] – e será lançada em algum momento no futuro). Todo o processo de criação e produção do vídeo é pura alegria. Martina e eu editamos os textos, meu filho me gravou, *Alta traição* fez a pós-produção. O resultado me fascina. Durante alguns meses, toda semana, os vídeos vão sendo lançados.

Quando o ciclo termina, penso por que me deu tanta satisfação. As resenhas de livros traduzidos às vezes mencionam o nome de quem os traduziu e muito raramente incluem um adjetivo (contra ou a favor) indicando que aquilo que está sendo resenhado é uma versão. Uma versão (entre tantas possíveis) do texto produzida em outro idioma por alguém. A noção parece óbvia, mas geralmente permanece em uma espécie de fundo turvo. "Não são literalmente essas as palavras que essa romancista, essa poeta, escreveu? Se for assim, nem me interessa." Sei que estou exagerando, ninguém diria isso. No entanto, nos sentimos um pouco

---

[25] Como escreveu a Laura anteriormente, nós também fazemos laços de amor enquanto traduzimos. Aqui, a vontade foi de traduzir *Bocetos de natación* – que semanticamente são "Esboços de natação" – para "Braçadas de natação". Bocetos como braçadas, uma tradução meio fonética. Cada braçada não é mesmo um esboço? Também fazemos laços de amor enquanto nadamos. Mas se fossemos traduzir seria do inglês: daria para manter as braçadas? De todo modo, *"Swimming Studies"* (que tem um suingue marcado por dois troqueus) certamente não viraria "Estudos de natação", que parece um nome técnico demais. (N.T.)

fantasmagóricas ao ouvir opiniões e até debates sobre textos que traduzimos durante meses ou anos, nos quais nos inserimos por tanto tempo, com os quais manobramos pra frente e pra trás, sem que se lembre, e muito menos se analise, a nossa intervenção.

Acho que ver uma tradutora, um tradutor, participar de forma tão ativa e prazerosa na transformação do texto revela, para o público em geral, um mundo que ele desconhecia ou supunha ser diferente (talvez mais cinzento, mais burocrático). Para aqueles que traduzem, como eu, por outro lado, esses "Registros de tradução" são um alívio, uma diversão; a possibilidade de pensar novas formas de contar o que fazemos e a alegria de ver outras pessoas contarem e se divertirem no emaranhado do seu próprio par de línguas e daquele "segundo lar" que é o texto que está sendo traduzido.

E além disso vemos os rostos! Nós que traduzimos temos uma casa, um corpo, uma voz; e é a partir deles que produzimos, na nossa língua, a nova versão de um livro. Rindo, conversando com as autoras e os autores que traduzimos, consultando colegas, saindo pra rua em busca de soluções impensáveis.[26]

---

26 Nos comovemos ao traduzir isso. A tradutora como personagem. Real. Somos nós. É intenso e pulsante traduzir literatura, e tão contraditório em relação ao caráter fantasmagórico que cerca o nosso ofício. (N.T.)

Cada um dos "Registros" (que podem ser vistos no canal *Ciclo Alta Traición*[27] no YouTube) oferece uma perspectiva nova e oblíqua da literatura traduzida: essas duas pessoas vivem ou viveram, essas duas pessoas escrevem ou escreveram, e juntas produziram este livro em espanhol, que está sendo publicado ou em breve será publicado por esta editora.

∗ ∗ ∗

Lá vamos nós com Cynan: "Glossário de termos comuns usados na produção animal." O mundo em que entramos com cada tradução (o tradutor como documentarista de gabinete), cujo vocabulário depois esquecemos. Se acontece de precisarmos dele novamente, teremos que procurá-lo outra vez. A menos que tenhamos sido organizados o bastante para tomar notas e salvá-las. Não. Não desde que existe o Google, pelo menos.

∗ ∗ ∗

Na página 23, finalmente aparece o ponto e vírgula. Te peguei! Estava te esperando. A partir de agora considero que posso usá-lo caso precise, mesmo que ele não esteja no texto-fonte.

Cada um tem suas regras. Cada tradutorzinho com seu livrinho.

---

[27] E, aqui, agora, em português. (N.T.)

Por outro lado: como você se saiu bem, Cynan. Quem iria querer desperdiçar um recurso de pontuação tão elegante e versátil como o ponto e vírgula?

* * *

Chegou a hora de reivindicar aquela palavra em inglês que aprendi há um ano, tomando café da manhã em uma casa alheia em Ledbury: Marmite. Uma pasta à base de fermento que é usada para dar sabor aos alimentos ou para passar no pão. É comercializada pela Unilever e seu slogan é *Love it or hate it*. Juan odiou, eu me neguei a provar (a mesa da casa alheia estava coberta de delícias caseiras; não havia por que provar aquela gosma escura com cheiro incompreensível).

Em suma, tudo vem a calhar. Cada palavra que vamos pescando na rede encontrará, mais cedo ou mais tarde, sua chance de driblar uma googlada, uma pergunta ao dicionário. Essa veio mais rápido do que o esperado.

* * *

Minha filha tem que ler pra escola "The Model Millionaire", de Wilde. Ela tem que ler sozinha, e essa é mais uma entre todas as coisas que ela faz sozinha, pois vivemos uma pandemia, e ela está cursando o primeiro ano do ensino médio jogada no sofá. Mas ela fica um pouco entediada com o conto e, como vivemos uma pandemia e tudo é tudo e nada é nada, decidiu traduzi-lo para o espanhol. Sente-se culpada: deveria estar "lendo" e está fazendo outra coisa.

Ela me pergunta se quero ouvir o início de sua tradução. Achei que seriam apenas algumas linhas, mas de repente me vejo na metade do conto. Nunca o tinha lido e me dei conta, sobressaltada, de que esqueci que se tratava de uma tradução: por um momento ouço como se ela estivesse lendo algo escrito em espanhol.
Ela não estudou mais inglês ou mais espanhol fora das aulas que teve na escola primária. Mas a sua tradução repõe cada intenção idiomática, cada registro, piadas, incertezas. Minha filha tem um dom linguístico. Não sei como explicar sem parecer exagerada ou pretensiosa. Ela tem o dom da tradução como outras pessoas têm o do esporte. Algo que já brilha antes de ser polido.

* * *

Na oficina, traduzimos um poema da bielorrussa Valzhyna Mort. É o primeiro livro que Mort escreve em inglês, sua língua adquirida. O poema tem esquisitices, deslizes. Se a sua língua nativa fosse mais próxima de nós, poderíamos intuir o que aconteceu ali: como se produzem essas "interferências". Assim as chamava Mariángel, que diante de certas encruzilhadas também dizia: "Aqui temos que dar um salto no vazio." Esses saltos no vazio são frequentes na tradução, dizemos; e às vezes, como nesse caso, a intuição é a nossa única e mínima rede.

O poema usa uma palavra num sentido que não parece corresponder ao seu uso habitual ou à sua definição no dicionário. Quase parece usada para dizer o contrário. Todas saltamos no vazio e, curiosamente, Mariángel e eu aterrissamos na mesma opção da língua espanhola. Curiosamente não. Curiosamente, sim.

✷ ✷ ✷

O problema de traduzir "hill". Toda vez. (*The hills are alive*...)

✷ ✷ ✷

Um dos muitos pontos do eterno retorno: a preposição "a" no objeto direto quando se trata de animais. Sim, não; aqui sim; aqui, não; e às vezes preciso que varie em referência ao mesmo animal se a circunstância muda. Ainda que com o mesmo verbo. Em *La tejonera* [A texugueira],[28] de Cynan Jones, a questão é onipresente, porque há mais personagens animais do que humanos, e a "humanidade" desses animais parece variar de acordo com quem lida com eles e com o tipo de interação.

A meticulosidade intrínseca ao trabalho de tradução não tem fundo.

✷ ✷ ✷

---

28 É como foi traduzido o romance *The Dig*. (N.T.).

Traduzir é enfiar pequenas miçangas.

* * *

Que palavra "estiércol" [esterco], né? Com esse acento num ditongo, esse "l" no final, esse ar inglês, como quem diz "Máicol", esse projeto de marca ou *portmanteau*. E no entanto, não, vem de *stercus, -oris*.
    Sim, eu traduzo assim. Às vezes. A maioria das vezes. Parando a cada dois metros para contemplar a paisagem.

* * *

Chegam as respostas detalhadas e amorosas do autor traduzido, e o texto que parecia desdobrado ao máximo mostra novas dobraduras, pequenos caminhos iluminados de novo com uma lanterna de outra cor.
    Perturbei Cynan Jones com um monte de perguntas sobre seu romance. Algumas diretas e técnicas, outras sobre o fio sutil que percorre a narrativa e que para traduzir preciso entender muito mais solidamente do que se estivesse apenas lendo. Eu me pergunto se há quem leia entendendo tão solidamente ou, ao menos, tentando. Eu nem sempre. Para alívio meu, Cynan me explica as sutilezas, mas me esclarece que a intenção é que fiquem ambíguas. É como um segredo entre nós dois.

* * *

Escrevi "vocina",[29] assim, com "v", e fiquei olhando a palavra sem entender o que eu quisera colocar e pensando se era um diminutivo de "voz", tendo esquecido totalmente a palavra original em inglês e, inclusive, quem sou e o que supostamente estou fazendo.

✳ ✳ ✳

Mil vezes polida, repolida e plastificada a tradução de *La tejonera*, apertei o *Send* num sábado à noite, tarde. Voltou poucos dias depois com comentários e observações dos mais atinados. Repolir sempre, plastificar jamais.

✳ ✳ ✳

Traduzir é se tornar meticulosa e certinha quando na vida real você é o contrário.

✳ ✳ ✳

Todos esses anos, indo trabalhar na linha B do metrô, repeti mentalmente o poema de Pound copiado de giz ao lado de Costa Picazo.

✳ ✳ ✳

---

29 A palavra "bocina", como em português, "buzina", é com "b", só que em espanhol, na maioria de suas pronúncias, "b" e "v" soam iguais. (N.T.)

In the Station of the Metro

The apparition of these faces in the crowd:
Petals on a wet, black bough.

Ezra Pound

Em uma estação do metrô

A aparição desses rostos na multidão:
pétalas sobre um galho úmido, preto.[30]

(Tradução de Rolando Costa Picazo.)

Em uma estação do metrô

A aparição dessas caras na multidão;
pétalas sobre um galho preto, úmido.[31]

(Tradução de Ezequiel Zaidenwerg.)

---

[30] Em espanhol: "En una estación del metro", La aparición de estos rostros en la multitud:/ pétalos sobre una rama húmeda, negra. Nós traduzimos as traduções dos nomes referidos entre parênteses aqui e a seguir. (N.T.)

[31] Em espanhol: "En una estación del subte" – La aparición de estas caras en la muchedumbre;/ pétalos sobre una rama negra, húmeda. (N.T.)

EM UMA ESTAÇÃO DO METRÔ

A aparição   dessas caras   na multidão.
Pétalas   sobre um úmido   galho preto.³²

(Tradução de Jorge Monteleone, respeitando os espaços originais com que o poema apareceu pela primeira vez na revista *Poetry*.)

EM UMA ESTAÇÃO DO METRÔ

Essas caras que aparecem entremeando;
pétalas em folhagem preta e úmida.³³

(Tradução de Armando Uribe Arce.)

---

32 Em espanhol: "En una estación de metro" – La aparición/ de esas caras/ en la multitud./ Pétalos/ sobre una húmeda/ rama negra. (N.T.)

33 Em espanhol: "En una estación del metro" – Estas caras que aparecen entremedio;/ Pétalos en ramaje negro y húmedo. (N.T.)

Em uma estação do metrô

A aparição desses rostos entre a multidão;
pétalas sobre um galho preto, úmido.[34]

(Tradução de Jesús Minárriz e Jenaro Tálens.)

Em uma estação do metrô

A aparição destes rostos na multidão;
Pétalas sobre um molhado, negro galho.[35]

(Tradução de Carol Cotsonis e José Javier Villareal.)

* * *

Foi meu pai que insistiu para eu estudar inglês. Resisti durante anos. Lembro de uma conversa definitiva sobre o tema, porque nós cinco estávamos almoçando num pequeno restaurante de Gualeguaychú (tínhamos ido passar alguns dias para amaciar o Renault 12). Ele me disse: "Eu te matri-

---

[34] Em espanhol: "En una estación del metro" – La aparición de esos rostros entre la multitud;/ Pétalos sobre una rama negra, húmeda. (N.T.)
[35] Em espanhol: "En una estación del metro" – La aparición de estos rostros en la multitud:/ Pétalos sobre una mojada, negra rama. (N.T.)

culo, você começa. Vai um mês. Se não gostar, não vai mais."
Achei razoável.

No primeiro dia, soube que ficaria para sempre.

Circe Maia: e depois vi que era possível aprendê-la perfeitamente

Uma língua é um mundo de sons que às vezes não nos deixa entrar muito, porque a linguagem não pode ser estudada sem que alguém te introduza nela, sem saber como soará realmente uma palavra. Sempre conto que me apaixonei pelo grego porque escutei um poema de Seféris em Montevidéu, num programa de rádio. Quando o ouvi, disse a mim mesma: "Mas essa língua tem um som que... eu preciso aprender essa língua"; foi uma faísca escutar o poema de Seféris. E depois vi que era possível aprendê-la perfeitamente.

* * *

O que, com mais força, emoção, *necessidade*, pedi para traduzir na minha vida foram os *Contos completos*, de Lydia Davis, em 2009. Senti que nesse momento particular era a única coisa que me salvaria. Vestir suas palavras, experimentá-las pelo menos. Escrevi para a Lydia. Escrevi para a editora Seix Barral. Mandei-lhes os textos do livro que eu traduzira por minha conta. Eles gostaram, disseram, mas não foi possível: o trabalho tinha sido encomendado a Justo Navarro semanas antes.

Em março de 2020, a editora Eterna Cadencia me ofereceu traduzir os ensaios de Lydia Davis. Eu os estava lendo naquele exato momento, aos poucos, fragmentariamente, mas com paixão. Não foi possível: não pude aceitar o trabalho. São muitíssimas páginas, eu estava passando os dias ao pé da cama do meu pai, dando a mão para ele e olhando-o nos olhos, me despedindo.

✳ ✳ ✳

Suzanne Jill Levine: "Traduzimos para ser traduzidos."
Talvez seja isso: traduzo porque ninguém me entende totalmente.

But nothing's lost. Or else: all is translation
And every bit of us is lost in it.

              James Merrill

TRADUÇÕES DA AUTORA PARA O ESPANHOL

EL CIRCO

Me acuerdo de cuando escribí El circo
vivía en París, más bien vivíamos en París
Janice, Frank estaba vivo, el museo Whitney
todavía estaba en la 8, ¿o todavía era otra cosa?
Fernand Léger vivía en nuestro edificio
en realidad no era nuestro edificio sino el edificio donde vivíamos
al lado de una troupe del Grand Guignol que hacía un ruido
[tremendo
tanto que una vez les grité por un hueco en la pared
de nuestro departamento no sé por qué había un hueco
¡Cállense! Y me volvió una voz que decía algo
no sé qué. Una vez vi a Léger salir del edificio
creo. Vino Stanley Kunitz a cenar. Escribí El circo
en dos tirones, en el primero casi toda la primera estrofa;
ese otoño también escribí un libreto de ópera llamado Louisa o
[Matilda.
Vino Jean-Claude a cenar. Dijo (sobre la "salsa golf")
que debía ir bien con algo pero no con eso (ostras).
Creo que para esa época ya había escrito El circo.
Parte de la inspiración me vino una noche mientras iba hasta el
[correo
y escribí todo un fragmento de El circo
cuando volví, irritado por haber tenido que ir
no me acuerdo para qué era que fui
vos habías vuelto al departamento qué pocilga en verdad nos
[gustaba
creo con tu pelo tus papeles y las ollas

dando vueltas por toda la cocina mientras escribía El circo
era una noche de verano no, era otoño es verano en
mi recuerdo pero es que no era de otoño ese anochecer camino al
    [correo
y escribí muchos otros poemas en esa época pero El circo fue el
    [mejor
tal vez no el mejor por lejos también estaba Geografía
y los poemas del Avión Betty (inspirados en vos) pero El circo fue
    [el mejor.

A veces me parece que sí soy la persona
que hizo esto, escribió aquello, incluso ese poema El circo
pero a veces me parece que no.
¡Tantos factores requieren nuestra atención!
¡A cada rato la felicidad de los demás, la salud de los que conocemos
    [y la nuestra!
Y las miles de millones de personas que no conocemos por cuyo
    [bienestar nos preocupamos
es raro que haya encontrado un rato para escribir El circo
que incluso le haya dedicado dos noches, y que también tenga
    [tiempo
para acordarme de que lo escribí, y de vos y yo en aquel entonces,
    [y para escribir este poema sobre eso.
En el comienzo del circo
las chicas de El circo atraviesan la noche
en los carros del circo y juntarán tulipanes y otras flores
dentro de mucho tiempo este poema quiere soltarse
en algún lugar que sea como un cuadro no sujeto a la descripción
    [de la escritura de El Circo

En esos tiempos Noel Lee estaba en París pero casi nunca estaba
iba a dar conciertos a Alemania o a Dinamarca
como parte de una actividad frenética
que era su carrera o su felicidad o una combinación de ambas

o ninguna recuerdo sus ojos negros se ponía nervioso
en mi presencia tal vez por nuestra época de Harvard.

¡Es muy comprensible ponerse nervioso con cualquiera!

Qué tierna y fácilmente sentimos cuando estamos solos
el amor de los amigos cuando dominamos el síndrome del tiempo
       [y el espacio
si es que se llama así cosa que dudo pero juntos ¿por qué nos
       [ponemos tan nerviosos?
No siempre pasa pero qué estaba y qué estoy ahora tratando de
       [crear
si crear es la palabra correcta
para esta combinación de experiencia y soledad
y ¿quién sos vos para decirme que es o no es un poema (no vos)?
       [Pero volvé conmigo
hasta esas noches en que escribía El circo.
¿Te gusta ese poema? ¿lo leíste? Está en mi libro Gracias
que acaba de reeditar Grove. Me pregunto cuánto voy a vivir
y cómo va a ser el resto, es decir el resto de mi vida.

La otra noche John Cage me preguntó ¿cuántos años tenés? Le dije
       [que cuarenta y seis
(ahora ya cumplí cuarenta y siete) me dijo
Ah, es una gran edad me acuerdo.

Una vez John Cage me dijo que no cobraba mucho por su curso de
       [identificación de hongos (en la New School)
porque no quería lucrar con la naturaleza.
Se adelantó a su tiempo yo me atrasé los dos fuimos en un tiempo
brillantes los mejores de la clase y "el tiempo es un río"
a mí no me parece un río me parece un plan informe
los días pasan y no se decide nada respecto de

qué hacer hasta que entendés que siempre será así y entonces
            [decís "tiempo"
pero en verdad ya no te importa mucho
el tiempo significa algo cuando tenés por delante la mayor parte
como era el caso en Aix-en-Provence eso fue tres años antes de
            [escribir El circo
ese año escribí Ladrillos y La gran lluviopista atlántica
sentía que el tiempo me rodeaba como una manta suave e infinita
podía dormirme infinitamente y despertarme y seguir dentro de ella
pero en el fondo apreciaba esa parte mía que iba cambiando
igual que a Noel Lee me importaba mi carrera
y me sigue importando pero ahora es como un pueblo del que no
            [me quiero ir
no una torre a la que trepo asediado por feroces enemigos.
En la época en que escribí El circo nunca nombraba a mis amigos
            [en los poemas
aunque eran casi lo que más me importaba
esto se fue atenuando en los últimos tiempos
así que ahora los nombro a ver si eso me los trae de vuelta
tal vez no a ellos sino lo que sentía por ellos
John Ashbery Jane Freilicher Larry Rivers Frank O'Hara
ya sus nombres me llenan los ojos de lágrimas
como pasó anoche cuando me encontré con Polly.
Todas las veces es hermoso pero la paradoja es alejarte
para sentirlo cuando volvés el sol bajó
y la gente está más contenta o bien se fue a su casa
y te quedaste solo bueno habrá que aguantarlo tu certeza es como
            [el sol
mientras la tengas pero cuando no su falta es una noche negra y
            [glacial. Volví a casa

y escribí El circo aquella noche, Janice. No me acerqué a hablarte
ni te abracé y te pregunté si querías salir a caminar

o ir al Cirque Medrano aunque escribía sobre eso en los poemas
y sobre eso escribo ahora, y ahora estoy solo

Y este poema no es tan bueno como El circo
y tal vez de todas formas ninguno de los dos tenga sentido.

(Kenneth Koch)

TRADUCCIÓN

Se pierde original, razón y rima,
sentidos que no cambian con el tiempo,
"paráfrasis del alma", prosa y clima
restricciones o construcciones, metro,
les mots justes; "el búho de la diéresis",
horas de sueño, el hápax legómenon,
la lealtad, el orgullo furtivo
la aprobación de algún donante vivo.
Se encuentra, al traducir, esa otra voz
lúcida y resonante, lejos, cierta
enfática y puntual, te hacés experta,
Wahlverwandtschaft, una elección feliz,
un llamado, un momento de eficacia
tuyo, propio, una forma de dar gracias.

(Rika Lesser)

Os fragmentos, poemas e entrevistas mencionados no livro pertencem às seguintes publicações:

Ezra Pound, "In a Station of the Metro". Publicado pela primeira vez na revista *Poetry*, em 1913, depois incluído no seu livro *Lustra*, de 1917.
James Schuyler, "The Morning of the Poem", in *Collected Poems*. Nova York: Noonday, 1993.
Charles Tomlinson, "On Madison", in *Notes from New York and Other Poems*. Oxford: Oxford University Press, 1984.
Claire-Louise Bennett, *Pond*. Londres: Fitzcarraldo, 2015. Traduzido por Laura Wittner como *Estanque*. Buenos Aires: Eterna Cadencia, 2016.
Joseph Stroud, *Of This World: New and Selected Poems*. Washington: Copper Canyon Press, 2009. Parte do livro foi traduzido por Shira Rubenstein como *Procedencia*. Luis Guillón: La Carretilla Roja, 2019.
____. *Everything That Rises*. Washington: Copper Canyon Press, 2019.
Germán Carrasco, publicação no Facebook.
Adolfo Bioy Casares, *Borges*. Buenos Aires: Destino, 2006.
Fabio Morábito, "El músculo del traductor: una conversación con Fabio Morábito". Laboratorio Traduxit, coordenado por Bárbara Bertoni e Tomás Serrano Coronado. Instituto Italiano de Cultura da Cidade do México, 2018.
César Aira, *Continuación de ideas diversas*. Santiago de Chile: Ediciones Universidad Diego Portales, 2014.
Michael John Harrison, "Egnaro", in *Things That Never Happen*. Londres: The Orion Publishing Group, 2004. Tradu-

zido em *La invocación y otras historias*. Buenos Aires: Edhasa, 2015.

Anne Carson, entrevista de Kevin McNeilly, *Unsaid Magazine*, 11 de setembro de 2012.

_____. "Variations on the Right to Remain Silent", in *Float*. Nova York: Knopf, 2016.

Marcelo Cohen, "Música prosaica" e "Persecución (pormenores de la mañana de un traductor)", in *Música prosaica (cuatro piezas sobre traducción)*. Buenos Aires: Entropía, 2014.

Sergio Chejfec, *Teoría del ascensor*. Buenos Aires: Entropía, 2016.

Miguel Azaola, "Mi traducción perversa", *Peonza*, n. 72-73, Cantabria, 2005.

Kenneth Koch, "The Circus", in *On the Great Atlantic Rainway: Selected Poems, 1950-1988)*. Nova York: Knopf, 1994.

Deborah Levy, *The Cost of Living*. Reino Unido: Penguin, 2019.

Martina Fernández Polcuch, publicação no Facebook.

Leanne Shapton, *Swimming Studies*. Nova York: Riverhead Books, 2016. Traduzido por Laura Wittner como *Bocetos de natación*. Buenos Aires: Blatt & Ríos, 2022.

Paula Abramo, publicação no Facebook.

Mara Pastor, "Conversación con mi traductora", in *Deuda natal*. Arizona: University of Arizona Press, 2021.

Susan Sontag, *Reborn: Journals & Notebooks 1947-1963*. Nova York: Farrar, Straus & Giroux, 2008.

Circe Maia, *La pesadora de perlas* (*Obra poética: Conversaciones con María Teresa Andruetto)*. Córdoba: Viento de Fondo, 2013.

Emily Dickinson, "The Bustle in a House", in *The Complete Poems of Emily Dickinson*. Boston: Little, Brown and Company, 1998.

Archibald Randolph Ammons, *Tape for the Turn of the Year*. Nova York; Londres: Norton, 1993.

Rika Lesser, "Translation", in *The KGB Bar Book of Poems*. Nova York: Perennial, 2000.

James Merrill, "Lost in Translation", publicado originalmente em *The New Yorker* [1974] e depois no seu livro *Divine Comedies*. Nova York: Atheneum Books, 1976.

John Ashbery, "Mi tema es el tiempo". Fragmentos de entrevistas compilados e traduzidos no *Diario de Poesía*, n.4, Buenos Aires, outono de 1987.

Ida Vitale, conversa com Valerie Miles durante a 42ª Feria Internacional del Libro de Montevideo, Uruguai, 2019.

Ezequiel Zaidenwerg, *50 estados*. Buenos Aires: Bajo la Luna, 2018.

Cynan Jones, *The Dig*. Mineápolis: Coffee House Press, 2015. Traduzido por Laura Wittner como *La tejonera*. Buenos Aires: Chai, 2021.

Susanne Jill Levine, *Escriba subversiva: una poética de la traducción*. México: Fondo de Cultura Económica, 1998. (Tradução de Rubén Gallo em colaboração com a autora.)

Agradecimentos

Muito obrigada a Shira Rubenstein, Gabriel Barsky, Laura García, Pabla Diab, Carla Imbrogno, Juan Nadalini, Mariano Blatt, Mariángel Mauri, Dana Madera, Florencia Poggi, Maribel Gadea, Vicky Cossani, Sofia Leblanc, Luciana Betesh, Roberta Iannamico, Celeste Safiras, David Wapner, Ezequiel Zaidenwerg, Jesse Lee Kercheval, Martina Fernández Polcuch e Ariel Dilon, que deixaram que os mencionasse neste livro na mais carinhosa intimidade; a Jorge Monteleone por fotografar para mim a tradução de Costa Picazo de "In a Station of the Metro" e, à continuação, a sua própria, e a Germán Carrasco, Martina Fernández Polcuch, Paula Abramo e Ezequiel Zaidenwerg por me emprestarem suas publicações de Facebook, em que disseram melhor do que eu o que eu tentava dizer.

Este livro foi editado pela Bazar do Tempo na cidade de São Sebastião do Rio de Janeiro em outubro de 2023 e impresso em papel Pólen bold 90 g/m² pela gráfica Margraf. Ele foi composto com as tipografias Silva Text e Dystopian.

Foi lançado na Flip 2023, em Paraty.